Brigitte Wilmes-Mielenhausen

Wahrnehmungsförderung für Kleinkinder

Ideen für Krippe, Kita und Tagesmütter

Brigitte Wilmes-Mielenhausen

Wahrnehmungsförderung für Kleinkinder

Ideen für Krippe, Kita und Tagesmütter

HERDER

FREIBURG · BASEL · WIEN

Inhalt

Spielen mit den Kleinsten

Was tun wir mit den Kleinsten? Die Gruppe der 0–3 jährigen Kinder gerät zunehmend in den Fokus der Pädagogik. Diese Buchreihe wendet sich an Erzieherinnen, Tagesmütter und Spielgruppenleiterinnen, die bereits mit ganz kleinen Kindern arbeiten oder zukünftig arbeiten möchten.
Der Betreuungsbedarf für Kinder unter 3 Jahren wächst ständig (zum Teil bedingt durch die Berufstätigkeit der Mütter sowie die steigende Zahl allein erziehender Elternteile). Die Vereinbarkeit von Familie und Beruf ist für viele junge Eltern zunehmend an adäquate Betreuungsmöglichkeiten für Kinder unter 3 Jahren geknüpft. Das Angebot an Krippenplätzen für die Kleinsten liegt dabei noch immer deutlich unter Bedarf und Nachfrage.
Waren die Kleinsten bislang vorwiegend in Kinderkrippen untergebracht, die meist sog. „Kombi-Einrichtungen" (Tagesstätten mit Krippe, Kindergarten und Hort) angehörten, gehen neue Trends dahin, auch die sog. „Regelkindergärten" für Kinder unter 3 Jahren zu öffnen, gekoppelt an flexible Betreuungszeiten.

Eckpunkte der Krippenpädagogik heute

Leider wird die Betreuung der Kleinsten außerhalb der Familie immer noch als die zweitbeste Lösung angesehen. Traditionell gilt die Mutter (der Vater) als die ideale Bezugsperson.
Dabei kann die Kleinfamilie den Kindern längst nicht mehr allein das bieten, was sie für eine gesunde Entwicklung brauchen: Über die Hälfte der Kinder wächst ohne Geschwister auf. Beengte Wohnverhältnisse in Städten, eingeschränkte Spielräume, wenig Spielkameraden im Umfeld machen es notwendig, Defizite an sozialen Kontakten auszugleichen.
Um schon Kleinkindern Erfahrungen mit anderen Kindern zu ermöglichen, besuchen viele Mütter/Väter mit ihren Babys und Kleinkindern einmal wöchentlich Kurse nach dem „Prager-Eltern-Kind-Programm" (PEKiP) oder nehmen an „Eltern-Kind-Spielgruppen" („Mini-Clubs", Krabbelgruppen") teil. So wichtig diese Gruppen sind: In der Regel setzen sie sich altershomogen zusammen und bieten somit keine Erfahrungen zwischen unterschiedlichen Altersstufen.
Besuchen Kleinkinder dagegen eine Ganztagseinrichtung (Tagesstätte), so haben sie hier nicht nur eine tägliche Betreuung. Sie treffen sehr oft – anders als in „Eltern-Kind-Spielgruppen" – auf familienähnliche Strukturen: Dabei üben die Großen Rücksicht

und helfen den Kleinen, die Kleinen lernen von den Großen. Man findet die „kleine Altersmischung" (0–3 jährige Kinder in einer separaten Krippengruppe), aber zunehmend auch die „große Altersmischung" (0–6 Jahre) in einer Kindergartengruppe.
Die „große Altersmischung" in einer Gruppe erfordert viel Flexibilität und pädagogisches Geschick seitens der Erzieherin und eine gute personelle Besetzung, damit jede Altersgruppe in ihren Bedürfnissen angesprochen werden kann.

Die Rolle der Erzieherin bei den Kleinsten

Erzieherinnen, die mit Kleinkindern arbeiten, sollten sich darum bemühen, professionelle Konzepte zu erarbeiten. Niemals darf die Arbeit mit dieser Altersgruppe nur „irgendwie improvisiert" werden.
Kleinkinder brauchen viel Nähe, Zuwendung, Hautkontakt und eine verlässliche Bindung an die Erzieherin. Häufiger Wechsel der Bezugspersonen ist zu vermeiden. Wenn ein Kleinkind in eine Tageseinrichtung kommt, so muss es die erste längere Trennungserfahrung von den Eltern verarbeiten. Kinder, die unter der Trennung sehr leiden, können nicht entspannt und lustvoll spielen.
Kleinkinder sind darauf angewiesen, dass Erzieherinnen ihre Signale verstehen, ihre Bedürfnisse wahrnehmen und angemessen darauf reagieren.
Erzieherinnen sollten vor allem wissen, welche Entwicklungsschritte Kinder im Alter von 0–3 Jahren durchlaufen: Dies gilt besonders für die Bereiche Motorik, Wahrnehmung, Sprache, Denken und soziale Bindung.

Was diese Buchreihe möchte und wie Sie damit arbeiten können

- Zur Reihe gehören verschiedene Themen-Schwerpunkte: *Bewegung, (Sinnes)-Wahrnehmung, Musik, Umwelterfahrung, Sprache, kreative Materialerfahrung.*
- Alle Bände der Reihe ergänzen sich wie Bausteine, bilden letztendlich ein „großes Bauwerk", denn kein Bereich kann isoliert betrachtet werden.
- Jeder Band enthält eine allgemeine *theoretische* Einführung. Dann geht es um das spezielle Förder-Thema (z. B. Bewegung).
  Dazu gehört auch die *Entwicklung* von Kindern in dem jeweiligen speziellen Förderbereich.
- Das Buch ist vor allem ein *Praxis-Buch.*

2.

- Die Spielvorschläge orientieren sich an der Entwicklung der Kleinsten.
- Beobachten Sie die Kinder! Womit beschäftigen sie sich? Was können sie schon? Was können sie noch nicht? So sind Sie in der Lage, *das passende Spiel zur richtigen Zeit* anzuregen.
- Je nach Spielidee können Sie mit einem *einzelnen Kind, einer kleinen Gruppe* (ca. 4–6 Kinder) oder mit einer *größeren Gruppe* spielen. Es werden sowohl freie („Freispiel") als auch gelenkte *Spielaktionen* (gezielte „Beschäftigungen") berücksichtigt.
- Sie finden vor jedem Spiel Angaben zu:
  - *Alter/Entwicklungsstand*
  - *Mitspielern*
  - *Material*
  - *Ort/Raum* sowie
  - *Hinweise* (z. B. Förderziele, praktische Tipps zum pädagogischen Vorgehen …)

  Im *Anschluss* an die Spielbeschreibung finden Sie zudem:
  - *Variationen* (wie kann ich das Spiel situationsbezogen umgestalten?) und
  - *Groß und Klein zusammen* (Vorschläge, wie ältere Kinder mitspielen können)
- Falls nötig finden Sie auf einzelnen Seiten noch einen *Kasten* mit zusätzlichen Tipps und Hintergrundinformationen.
- Die Spiele sind für Babys/Kleinkinder *ab 6 Monaten* bis zu *3 Jahren* gedacht. Einzelne Spiele lassen sich auch mit Babys unter 6 Monaten spielen.

Förderschwerpunkt Wahrnehmung

Warum Wahrnehmung wichtig ist

Sinne sind das Fenster zur Welt. Kleine Kinder lernen vor allem über (Sinnes)-Wahrnehmungen und motorische Handlungen (Bewegung).
Wenn ein Kleinkind beim Essen in der Krippe erstmalig allein den Löffel zum Mund führt, sind alle seine Sinne beteiligt: Es benötigt den Bewegungssinn (Tiefensensibilität), um den Löffel richtig greifen zu können. Es braucht den Gleichgewichtssinn, um den Löffel gerade zu halten. Es spürt, tastet den Löffelstiel, sieht den Teller auf dem Tisch und den Löffel in der Hand, hört das Klappern des Löffels, riecht den Duft des Breis, schmeckt den frischen Apfelgeschmack.
Niemals ist ein Sinn allein beteiligt. Immer wirken verschiedene Sinne zusammen wie die Instrumente eines Orchesters.
Wenn ein Kleinkind bestimmte Handlungen unermüdlich wiederholt (z. B. Bauklötze wegwirft, Wasser umfüllt), so speichert sein Gehirn alle Versuche. Die über die Sinne aufgenommenen Informationen und die Verarbeitungsprozesse im Gehirn führen dazu, dass sich das Gehirn weiter entwickelt und organisiert.
Leider bekommen heute schon Kleinkinder „einseitige Sinneskost", wobei ein Überangebot an visuellen Reizen besteht (Fernseh- und Computerprogramme wenden sich schon an Zweijährige). Daneben werden die körpernahen Sinne oft zu wenig angesprochen. Die kleinen „Forscher und Entdecker" bleiben auf der Strecke. Medienkonsum scheint attraktiver als Waldspaziergänge. Fertiges Spielzeug rangiert vor kreativen Experimenten mit Farbe, Sand und Erde. Bewegungsmangel lässt die Tiefensensibilität und den Gleichgewichtssinn verkümmern, was sich wiederum auf andere Sinnes-Bereiche und die sensorische Integration negativ auswirkt.
Wahrnehmungs- und Bewegungserziehung sollten demnach das Hauptanliegen einer Krippen- und Kleinkinderziehung sein.
Nicht nur, weil hier Defizite bestehen, die es auszugleichen gilt.
Auch deshalb, weil aus entwicklungspsychologischer Sicht sensomotorische Angebote in besonderer Weise den Bedürfnissen und dem Lernverhalten den Kleinsten gerecht werden.

Sinnesspiele und Sinnesräume gestalten

Trennen Sie den Krippenbereich mit Raumteilern und Stellagen ab. Gestalten Sie ihn vielseitig, flexibel und „sinnesfreudig" – ohne ihn mit zu viel Details zu „überladen". Lampen und Schleier können Gemütlichkeit schaffen, Mobiles und Spiegel zum Sehen und Staunen anregen. Tastbilder und Tastgeländer regen zum Greifen und Fühlen an. Kissen, Polster und schiefe Ebenen fördern Bewegung und Gleichgewicht. So kommen alle Sinne ins Spiel:

- *Tasten:* Tastsäckchen, Greifringe, einfache Küchengeräte, Bürsten, Igelbälle, Tennisbälle, Teppichfliesen, Tast-Bilder, Material für Wasserspiele (Gießkannen, Becher …), Planschbecken, Stehaufmännchen, Kugelbahn, Kreisel, Motorik-Schleifen, Muscheln, Korken, Kastanien, Nüsse, Sand, Federn, Felle, …
- *Sehen:* Mobilees, Luftballons, Spiegel, Farbwechsel-Lampe, Kaleidoskop, Bilderbücher, Poster, Farbwürfelspiel, Einlege-Puzzle, Steckbrett, Sortierbox
- *Hören:* Rasseln, Schüttelbecher, Kaffeedosen, Wecker/Klingel. Plastikschläuche, Pappröhren, Spieluhr, Glöckchen, erste Instrumente (Klangstäbe, Schellenband, Triangel, Handtrommel …)
- *Riechen:* Töpfe mit Küchenkräutern, Riechdosen, Riechsteine, duftende Tees und Gewürze, Duftkerzen
- *Schmecken:* Obstkorb, leere Gläschen von Kindernahrung (für Kostproben), Schmeck-Ecke (z. B. Kresse, Sprossen/Keime, selbst gezüchtete Fenster-Tomaten …), Gartenbeet, Tees, Säfte
- *Bewegung/Gleichgewicht:* Hängestuhl, Hängematte, Schaukelstuhl, Petzi-Ball, Wasserball, Rutschauto, Sitzroller, Schaukelpferd, Rollbrett, Mini-Trampolin, Balancierbretter, Kissen, Matten, Polster, Luftmatratzen

Tipp: Einzelne Materialien der Montessori-Pädagogik eignen sich auch für Kleinkinder (Geräuschdosen, Glocken, Grundfarben, Tastkärtchen, …).

Das Verhalten der Erzieherin

- Lassen Sie Kleinkinder selbst aktiv werden und so viel wie möglich frei spielen. Etwas frei und selbstständig zu bewältigen ist für die Entwicklung des jungen Gehirns besonders wichtig (Experimentieren geht vor rezeptivem Lernen).

- Ab etwa 2 Jahren können Sie für die Kleinen einige geplante, vorbereitete „Beschäftigungen" anbieten. Dabei sollten Sie viel praktisch zeigen, wenig erklären und immer den Entwicklungsstand, die Bedürfnisse der Kinder sowie die Gruppensituation berücksichtigen.
- Beachten Sie: Bei den Kleinsten werden Reize nicht immer in das Sinnessystem integriert, das diese Reize aufnimmt. Manchmal werden Reize durch das Sinnessystem A aufgenommen, aber im Sinnessystem B verarbeitet. So spielt ein Kleinkind vielleicht noch weiter, obwohl das Licht ausgeschaltet wurde. Es „sieht", indem es fühlt.
- Betreiben Sie bei Kleinkindern keine isolierte Sinnesschulung. Fortschritte in den sieben Wahrnehmungsbereichen beeinflussen sich gegenseitig. Integrieren Sie Sinnesmaterial in alltägliche Spiel- und vor allem Bewegungssituationen. Bei älteren Kindern können Sie einen Sinn mal bewusst „isolieren" (z. B. Tasten bei geschlossenen Augen).
- Sorgen Sie für ausreichend Bewegungs- und Gleichgewichtsspiele. Vertrauen Sie den Fähigkeiten der Kleinen beim Schaukeln, Klettern, Springen und Balancieren (Aufsicht ja, Überbehütung nein!).
- Taktile Stimulation geschieht im Hautkontakt zur Erzieherin: Körpertragen, Kuscheln und Wiegen sprechen den Tastsinn und den Gleichgewichtssinn an. Allerdings sollte gegen Ende des 1. Lebensjahres die wachsende Mobilität des Kindes und sein Drang, selbständig die Welt zu entdecken, berücksichtigt werden.
- Lassen Sie den Raum „sprechen". Manchmal reicht eine kleine Veränderungen (Möbel weg und Matten her!) und ein neues, interessantes Material (Papier, Luftballons), um Interesse und Spielfreude der Kleien zu wecken.
- Gehen Sie mit den Kindern so viel wie möglich in die Natur. So können die Kleinen die Jahreszeiten und Elemente mit allen Sinnen erfahren (Sand, Blätter, Schnee, Wasser, Wind ...).
- Beobachten Sie die Kinder. Wie viel Anregung bzw. Ruhe benötigen Sie? Kleine Kinder mögen Ruhezonen (Kuschelecke, Ruheraum), vertraute Rituale (Spieluhr von dem Einschlafen) und einen strukturierten Tagesablauf.
- Kinder brauchen Entwicklungszeit. Deshalb nicht vorschnell von möglichen Defiziten sprechen! Allerdings sollten Sie aufmerksam sein, z. B. wenn Kinder nicht auf Geräusche oder visuelle Reize ausreichend reagieren oder wenn die Sprachentwicklung stagniert. Wahrnehmungsstörungen können sich auch in Konzentrationsschwäche, leichter Ablenkbarkeit, Unruhe, motorischer „Ungeschicklichkeit" u. ä. äußern. Sprechen Sie mit den Eltern und lassen Sie sich eventuell von Fachleuten beraten.

2.

Wie sich die Wahrnehmung in den ersten 3 Lebensjahren entwickelt

Schon vor der Geburt sind die Sinne des Kindes funktionsfähig. Nach der Geburt entwickelt sich die Zusammenarbeit (sensorische Integration) zwischen den verschiedenen Sinnes-Systemen erst im Verlauf der folgenden Monate durch Übung und Erfahrung.
Der Schweizer Entwicklungspsychologe J. Piaget beschreibt Entwicklungsphasen, die man Altersspannen zuordnen kann:
Die grobe Einteilung gilt noch heute, obwohl Piagets Altersangaben teilweise (nach neueren Ergebnissen der Säuglingsforschung) nach unten korrigiert werden müssen. Hier die relevanten Stufen für Kleinkindalter und Krippenerziehung (0–3 Jahre):

1. Sensomotorische Intelligenz *(von der Geburt bis zum 18. Monat)*

Wahrnehmung und Motorik wird koordiniert:

- *Angeborene Reflexe* (z. B. Saugreflex, Kriech- und Schreitreflex …)
- *Einfache Gewohnheiten* (ohne bewusste Absicht, z. B. Laute produzieren, Gegenstände ergreifen, loslassen …)
- *Aktive Wiederholung* (Effekte absichtlich wiederholen …)
- *Verknüpfung von Mittel und Zweck* („Wenn ich den Baustein wegschiebe, fällt er vom Tisch")
- *Aktives Experimentieren* (neuen Umgang mit Gegenständen und Materialien testen/erproben)
- *Erfinden* (Kind erfindet neue Verfahren, ohne sie vorher erprobt zu haben – z. B. Gegenstand mittels eines Stockes heranholen)

2. Symbolisch, vorbegriffliches Denken *(ab ca. 20 Monaten bis Ende der Krippenzeit)*

Das Kind beginnt damit, die Wirklichkeit nach seinen eigene Vorstellungen und Wünschen zu deuten. Im Spiel wird z. B. ein Baustein wie ein Lebensmittel behandelt, beim Rutschen auf dem Stuhl wird Auto gespielt.

3. Anschauliches Denken *(zwischen 4 und 7 Jahren: eigentliche Kindergartenzeit)*

Das Denken erfolgt in Vorstellungen und inneren Bildern. Verstehen vollzieht sich nur über anschauliches Erfahren. Bei den 7 Sinnen unterscheiden wir:

- *Körpernahe Sinne*
  - Tast-Sinn (taktil)
  - Bewegungs-Sinn (kinästhetisch)
  - Gleichgewichts-Sinn (vestibulär)
  - Geschmacks-Sinn (gustatorisch)
  - Geruchs-Sinn (oflaktorisch)
- *Körperferne Sinne*
  - Hör-Sinn (auditiv)
  - Gesichts-Sinn (visuell)

Für die frühkindliche Entwicklung sind die körpernahen Sinne zunächst besonders wichtig.

1. Lebensjahr *(0–12 Monate)*

Der Tastsinn entwickelt sich im Mutterleib vor allen anderen Sinnessystemen. Für Babys ist die Haut das wichtigste Kommunikationsmittel. Sie erforschen Dinge mit Mund, Lippen und Zunge. Im Zuge der weiteren Entwicklung gewinnen die Fingerspitzen mehr und mehr an Bedeutung.
Das Sehen ist einige Wochen vor der Geburt funktionsfähig, allerdings bei der Geburt in Teilbereichen noch unreif. Säuglinge können nicht nur hell und dunkel, sondern sogar Muster unterscheiden. Dabei bevorzugen sie gesichtsähnliche Muster und vor allem das menschliche Antlitz selbst. In einem Abstand von ca. 20 cm können Babys am besten sehen.
Schon im Mutterleib hören Kinder Geräusche. Kurz nach der Geburt können sie Töne lokalisieren, Tonunterschiede wahrzunehmen und Bezugspersonen am Klang ihrer Stimme erkennen.
Babys können zwischen verschiedenen Gerüchen unterscheiden und vertraute Menschen an ihrem typischen Geruch identifizieren.
Auf süßen und salzigen Geschmack reagieren sie mit Saugreflexen, saure und bittere Nahrung wird deutlich abgelehnt.

Bereits im Mutterleib entwickelt sich der Gleichgewichtssinn und der Bewegungssinn. Der Gleichgewichtssinn koordiniert alle anderen Sinne. Im gesamten 1. Lebensjahr sind Kinder damit beschäftigt, sich mit der Schwerkraft auseinanderzusetzen (Kopf heben, umdrehen, rollen, krabbeln, aufrichten, stehen, gehen ...).

2. Lebensjahr *(13–24 Monate)*

Kinder erkunden nun unermüdlich die Umgebung, experimentieren mit vielen Materialien. Sie räumen Gegenstände ein und aus, stecken Dinge ineinander oder stellen sie aufeinander. Das vermehrte Hantieren verbessert das Greifen (Koordination von Auge und Hand). In der zweiten Hälfte des zweiten Lebensjahres wird dieser Umgang mit Material spezifischer, funktionsgerechter, gezielter.
Die Feinmotorik ist so weit entwickelt, dass Kinder ein paar Bauklötze aufeinander stellen, mit einem Stift kritzeln und beim Essen Löffel und Tasse halten können.
In Symbolspielen gestalten sie Gegenstände und Umgebung nach eigenen Wünschen, Vorstellungen und Zielen (ein Baustein wird zur Puppe, mit Blättern wird Essen gekocht).
Jetzt sind viele Kinder in der Lage, Gegenstände nach einem Merkmal (z. B. nach Form, Größe, Farbe) zu ordnen und Formen in eine Sortierbox bzw. ein Formenbrett einzupassen. Sie betrachten erste Bilderbücher, beginnen damit, Gegenstände auf Bildern zu benennen.
Ab Mitte des zweiten Lebensjahres können sich schon viele Kinder selbst im Spiegel erkennen. Sie halten ihr Spiegelbild nicht mehr für ein anderes Kind.
Die Körperwahrnehmung wird differenzierter. Jetzt können Kinder angeben, an welcher Stelle ihres Körpers sie berührt wurden. Sie schätzen ab, wo ihr Körper beginnt und wo er endet. Sie entwickeln ein Körperschema (Bewusstsein des eigenen Körpers).
Kinder lernen das sichere Gehen, übersteigen kleine Hindernisse, steigen eine Stufe frei rauf und runter, steigen Treppen mit Festhalten, hüpfen auf der Stelle, klettern auf Mauern und Podeste.

3. Lebensjahr *(25–36 Monate)*

Jetzt beginnen Kinder damit, vermehrt zu konstruieren (backen Kuchen aus Sand, bauen Türme, malen mit Fingerfarbe). Dabei verfolgen sie zunehmend eine bestimmte Absicht (Ziel-Perspektive), Die Ergebnisse ähneln manchmal schon dem bekannten Aussehen von Dingen, häufig sind sie „Phantasiegebilde".
Einfache Werkzeuge (Messer, Gabel, Schere, Stifte, Reißverschlüsse, Knöpfe) werden z. T. schon recht sicher gehandhabt.
Kinder setzen nun ein Puzzle aus wenigen Teilen zusammen, erkennen Bild-Paare, spielen Bilderlotto und sehen Unterschiede in Suchbildern. Sie ordnen Dinge nach Merkmalen (wie viel-wenig, hoch-niedrig …), sortieren Gegenstände nach zwei Merkmalen, verstehen „auf", "unter", „vor", „hinter", „neben" …
Mit etwa 3 Jahren können Kinder die Grundfarben unterscheiden bzw. benennen (Farbbezeichnungen werden jedoch noch öfters verwechselt – besonders Grün und Blau). Kleine Kinder zeigen eine deutliche Vorliebe für die Farbe Rot.
Sie können Kinderlieder mit- und nachsingen, Geräusche unterscheiden/zuordnen, erste Instrumente schlagen. Die Entwicklung des Sprachverständnisses und der Sprachproduktion ist in vollem Gange.
Kinder bewegen sich jetzt gern laufend/rennend (beide Beine sind vom Boden abgehoben), gehen Treppen im Wechselschritt, überspringen Seile und Striche, übersteigen Zwischenräumen, können aus geringer Höhe hinunter springen.
Sie federn und hüpfen, springen auf Matratzen, balancieren über Linien, niedrige und hohe Geräte. Sie stehen kurz auf einem Bein und beginnen damit, Roller und Dreirad zu fahren (Ende 3. Lebensjahr).

Fühl einmal! Greifen und begreifen

„Das geht unter die Haut!" – „Das berührt mich!" Die Haut versteht und spricht viele Sprachen. Zuwendung und Hautkontakt (wiegen, streicheln, trösten, ...) wird zur Quelle emotionaler Sicherheit, besonders wenn Kleinkinder über längere Zeit außerhalb der Familie betreut werden. Kinder können durch die Art und Weise, wie sie gehalten, gestreichelt, gedrückt werden, unterscheiden, ob eine Bezugsperson ihnen gegenüber liebevoll oder gleichgültig eingestellt ist.

Kuschel-wuschel: Körper- und Massagespiele

Bei Kleinkindern nimmt die alltägliche Pflege noch viel Zeit in Anspruch: Anziehen, ausziehen, Windeln wechseln, waschen, kämmen, ... sind im Tagesablauf wichtige Stationen, die (wenn Zeit genug ist) Anlass für ein kleines Massage-Spiel bieten können. Brauchen Kinder Trost, so sind Körperspiele eine wichtige Quelle der Beruhigung.

Krabbelfinger

Alter/ Entwicklungsstand: ab 6 Monate
Mitspieler: 1 Kind (bzw. jeweils 1 kleines und 1 großes Kind paarweise)
Ort/Raum: Gruppenraum (Krippenbereich, Kuschelecke)
Spielanleitung: Lassen Sie Ihre Finger über den Körper des Kindes wandern. Wählen Sie dazu einen der folgenden Sprüche aus:

Eine kleine Schnecke

Eine kleine Schnecke, *eine kleine Schnecke* *geht den Berg hinauf,* *geht den Berg hinauf.*	Krabbeln Sie mit Ihren Fingern vom Bauch des Kindes aufwärts bis zum Kopf.
Und dann wieder runter, *und dann wieder runter* *auf den Bauch,* *auf den Bauch!*	Krabbeln Sie dann wieder abwärts und kitzeln Sie es am Bauch.

überliefert

Massage für Hände und Füße

Das ist der Daumen,
der schüttelt die Pflaumen,
der hebt sie auf,
der trägt sie nach Haus,
und der kleine Schelm
isst sie alle auf.

Tippen Sie die einzelnen Finger des Kindes an. Angefangen vom Daumen bis zum kleinen Finger (Schelm).

Der ist in den Brunnen gefallen,
der hat ihn herausgeholt,
der hat ihn nach Hause gebracht,
der hat ihn ins Bett gelegt,
und der kleine Schelm
hat ihn wieder aufgeweckt.
überliefert

Nun sind der rechte und der linke Fuß an der Reihe.

Hier ist der kleinste Zeh der „kleine Schelm".

Heile, heile …

Heile, heile Segen,
sieben Tage Regen,
sieben Tage Sonnenschein,
wird bald wieder besser sein!
überliefert

Streicheln Sie ein trauriges oder verletztes Kind zu diesem Tröstevers.

Massage mit allerlei Dingen

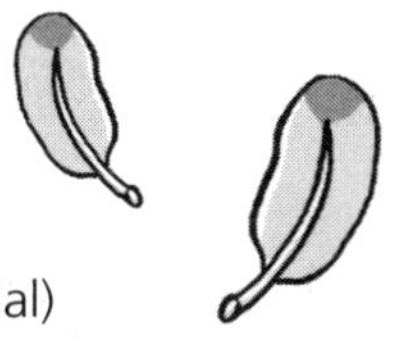

Alter/Entwicklungsstand: ab 6 Monate (je nach Material)
Mitspieler: 1 Kind bzw. Kleingruppe
Material: Federn, weiches Bürstchen, Seidentuch, Waschhandschuh, Stoffbänder, Wollfäden, Samt, Seidenpapier u. ä.
Ort/Raum: Gruppenraum (Krippenbereich, Wickeltisch, Kuschelecke), Freigelände (im Sommer)
Spielanleitung: Das Kind sitzt oder liegt auf einer weichen Decke oder Wickelunterlage. Am besten ist, wenn es wenig Kleidung anhat.
Streicheln Sie nun mit verschiedenen weichen Materialien über die Haut des Kindes. Beobachten Sie seine Reaktionen. Findet es Gefallen an dem Spiel?

Kleine Tiere unterwegs

Alter/Entwicklungsstand: ab 2,5 Jahre
Mitspieler: 1 Kind … (bei der Variation auch 2–4 Kinder)
Material: Igelball, Schal, Handschuh, Mütze, Tuch, Fell
Ort/Raum: Gruppenraum (Krippenbereich, Kuschelecke)
Spielanleitung: Ein Kind sitzt oder liegt auf einer Decke (Bauchlage). Die Erzieherin lässt ihre Hände über den Rücken des Kindes krabbeln und erzählt: „Jetzt kommt eine Maus", … „ein Käfer," … „ein Hase" … ,"ein Floh" usw.
Variation: Jetzt kommen Materialien zum Einsatz: z. B. ein Handschuh (als Maus) … Erzählen Sie dazu eine ganz kurze Handlung: Z. B.: „Das Mäuschen krabbelt über den Rücken, … holt sich ein Stück Käse, … krabbelt zurück, … verschwindet im Mauseloch." Sie können auch einen Igelball als Igel, einen Schal als Schlange, eine Feder als Vogel, ein Fell-Stück als Katze auftreten lassen.
Hinweis: Wählen Sie zunächst nur 1 Tier aus, damit sich die Kinder voll darauf konzentrieren können.

Greif-Spiele für kleine Hände

Das „Be-greifen" beginnt bei Babys mit dem Betasten durch Mund und Hand. Mit 4–6 Monaten greifen Kinder mit einer Hand gezielt nach einem Spielzeug bzw. geben es von einer Hand in die andere. Später greifen sie mit beiden Händen gleichzeitig nach einem Gegenstand. Dabei wird er oft gedreht und gewendet.

Erster Greif-Spaß

Alter/Entwicklungsstand: ab 6 Monate
Mitspieler: 1–4 Kinder
Material: nach Wahl Gefriertüten (mit Fruchtsaft), Baumwollsocken, Waschhandschuhe (Diverses zum Füllen, z. B.: Nudeln, Erbsen, Perlen, Mehl, Gries, Watte, Wolle, Korken, Nüsse, Kastanien …), Luftballons.
Ort/Raum: Gruppenraum
Hinweise: Bleiben Sie in der Nähe der Kinder und beobachten Sie die Kleinen aufmerksam. Kinder, die schon Zähne haben, könnten in Tüten und Säckchen hinein beißen und den Inhalt verschlucken!!! Alle Gegenstände sollten neuwertig, sauber und ungiftig sein!

Spielanleitung: So können Sie Tast-Materialien bereitstellen:

- Füllen Sie Gefriertüten mit Wasser und farbigem Fruchtsaft. Oder geben Sie Nudeln, Erbsen, Bohnen o. ä. hinein. Verknoten Sie die Tüten ganz fest. Binden Sie eventuell Glöckchen an die Tüten.
- Füllen Sie saubere Baumwollsocken oder Waschhandschuhe aus Frottee mit Watte, Korken, Nüssen … Verknoten Sie die Socken bzw. nähen Sie die Waschhandschuhe zu.
- Geben Sie den Kindern harte oder weiche Bürsten (z. B. Nagel- oder Haarbürsten) bzw. Schwämme (aus festem Material).
- Fädeln Sie dicke Holzperlen, Knöpfe, Kastanien oder Gardinenringe zu Ketten auf.

Groß und Klein zusammen: Geeignet für ältere Kinder (im 2. und 3. Lebensjahr) sind jetzt außerdem:

- Greif-Luftballons (bitte nicht aufpusten, sondern mit Hilfe eines Trichters mit Sand, Mehl oder Kichererbsen füllen – eventuell einen zweiten Ballon von der anderen Seite darüber ziehen und fest zuknoten).
- Igel-Bälle (zum Tasten, Massieren)
- Tast-Würfel (alle Seiten eines Styroporwürfels mit Materialien bekleben – z. B. mit verschiedenen Stoffen und Papieren)
- Ungefährliche Küchengeräte (Sieb, Kochlöffel, Quirl, Schneebesen, Salatschleuder)

Tastgeländer

Bringen Sie im Krippenbereich eine oder mehrere dünne Stangen an. Sie dienen den Kleinen als Hilfe beim Hochziehen und Stehen. Darüber hinaus können Sie an die Stangen auch Tastmaterialien binden oder knoten bzw. vor der Montage auffädeln (z. B. Perlen, Ringe, Tastsäckchen …)

Fühlschlange

Alter/Entwicklungsstand: ab 6 Monate
Mitspieler: 1 Kind
Material: 6–8 Baumwollsocken, Material zum Füllen (z. B. Kastanien, Erbsen, Korken, Nüsse, Watte, Stoffreste), Band, 2 Knöpfe (eventuell Filzrest)

Ort/Raum: Gruppenraum (Krippenbereich, Kuschelecke)
Spielanleitung: Füllen Sie jeden Socken mit einem anderen, möglichst gegensätzlichen Material (s. o.). Verschließen Sie die Socken oben und unten fest mit einem Band. Binden Sie nun alle Socken zu einer langen Schlange zusammen. Der Kopf der Schlange erhält Knopf-Augen und eine lange Zunge aus Filz.
Variation: Nähen Sie eine Schlange aus verschiedenen Stoffen (z. B. Pelz, Samt, Kord, Frottee ...). Dazu schneiden Sie aus jedem Stoff ein Rechteck zu, füllen es (z. B. mit Schaumstoff, Lumpen oder Schafwolle) und schließen es ringsum (Nähmaschine). Zum Schluss nähen Sie alle Säckchen aneinander (Kopf der Schlange: wie oben).

Fühlkissen

Alter/Entwicklungsstand: ab 6 Monate
Mitspieler: 1–4 Kinder
Material: verschiedene kleine Kissen (als Restposten in Kaufhäusern oft günstig), dazu unterschiedliche Stoffreste (z. B. Fell, Samt, Kord, Leinen, Filz, Frottee – auch Glitzerstoffe sind interessant)
Ort/Raum: Gruppenraum (Krippenbereich, Kuschelecke), Schlafraum
Spielanleitung: Nähen Sie auf jedes Kissen ein großes Quadrat aus einem anderen Material. So hat ein Kissen eine Fell-Oberfläche, ein anderes eine Kord-Oberfläche oder es besteht aus Glitzerstoff.
Wenn Sie mögen, so nähen Sie an einzelne Kissen Knöpfe, dicke Gardinenringe oder dicke Holzperlen. So werden Kissen zu einem aufregenden Tasterlebnis für neugierige Hände. Andere sind nur kuschelig und laden zum Ausruhen und Träumen ein.
Variation: Füllen Sie leere Kissenbezüge mit jeweils unterschiedlichen Materialien (z. B. Korken, Kastanien, Stoffreste, Styroporreste usw.).

Augen-zu-Spiel

Tasterfahrungen sind besonders intensiv, wenn das Sehen vorübergehend ausgeschaltet ist. Beim Tasten mit geschlossenen Augen werden zudem Gedächtnis, Vorstellungsvermögen und Konzentration gefördert.

Die Zauberbox

Alter/Entwicklungsstand: ab 2,5 bzw. 3 Jahre
Mitspieler: 1–2 Kinder
Material: 1 Karton mittlerer Größe, Schere, 3–4 Spielzeuge (bei Variation eventuell Tuch oder Sack)
Ort/Raum: Gruppenraum
Spielanleitung: Legen Sie einen geschlossenen Karton mit der breiten Seite auf den Tisch. Entfernen Sie von dem Karton die hintere Seite.
Schneiden Sie vorn zwei kreisrunde Öffnungen in den Karton, sodass ein Kind mit beiden Armen/Händen in das Innere der Box greifen kann. Legen Sie nun von hinten (durch die geöffnete Seite) einen Gegenstand in die Box.
Hinweise: Der Gegenstand sollte dem Kind vertraut sein (z. B. Lieblingsspielzeug, kleiner Ball o. ä.). Kann das Kind den Gegenstand ertasten und vielleicht schon den Namen des Gegenstands sagen?
Variation: Legen Sie ein Spielzeug unter ein großes Tuch (Sack). Oder Sie stecken ein Stofftier in eine Papprröhre. Das Tier kann von beiden Seiten ertastet werden.

Allerlei auf meiner Haut: Körperwahrnehmung

Jetzt kommt der Sandmann

Alter/Entwicklungsstand: ab 1 Jahr
Mitspieler: 4–6 Kinder
Material: Vogelsand oder sauberer Sand aus der Sandkiste, unterschiedliche Schüsseln und Wannen, große Plastikplane
Ort/Raum: Bewegungsraum
Spielanleitung: Legen Sie eine große Plastikplane auf den Boden. Kippen Sie in die Mitte Vogelsand. Sie können den Sand auch in eine Plastikwanne, mehrere Schüsseln oder in ein aufgepustetes Kinderplanschbecken geben. Beobachten Sie, wie die Kinder auf den Sand reagieren. Streuen Sie den Sand über die Hände/Füße der Kinder. Sie können den Kindern Joghurtbecher, Löffel, Trichter oder Sandförmchen geben.
Variation: Verstecken Sie Gegenstände in einer Sandwanne und lassen Sie die Dinge ertasten. Kippen Sie wenig Sand auf einen großen Spiegel am Boden. Wer möchte darauf kritzeln/malen?

Natur der Sinne

Gehen Sie mit den Kindern regelmäßig hinaus in die Natur. So können die Kleinen Jahreszeiten und Naturmaterialien, Wetterlagen und Elemente hautnah erfahren.
Wichtig für Kleinkinder: großer Sandkasten, der nicht mit zuviel fertigem Sandspielzeug überfrachtet ist. Wasser im Sandkasten (Gießkannen, Schöpfbecher) fördert Tasten, Matschen und Formen und entspricht in besonderer Weise den Bedürfnissen kleiner Kinder.

Schaum-Spaß

Alter/Entwicklungsstand: ab 1,5 Jahre
Mitspieler: 2–4 Kinder
Material: Badeschaum oder Mal-Seife (Spielzeugbedarf), großer Spiegel
Ort/Raum: Waschraum, Freigelände
Spielanleitung: Geben Sie Badeschaum bzw. Mal-Seife auf einen Spiegel, der an einer Wand lehnt oder auf dem Boden liegt.
Zeigen Sie den Kindern, dass man mit Fingern und Händen auf dem Spiegel „kritzeln" kann.
Variation: Geben Sie Rasierschaum auf den Spiegel.
Hinweis: Beobachten Sie die Kinder aufmerksam, damit Schaum und Seife nicht in Mund und Augen wandern.

Abenteuer im Senso-Land: Erlebnis-Inseln

Bauen Sie im (Bewegungs)-Raum oder auf dem Freigelände eine Erlebnisinsel für die Sinne. Solche Inseln laden zu abenteuerlichen Entdeckungsspielen ein und können neben dem Tastsinn auch andere Sinne ansprechen.

Der Igel-Zoo

Alter/Entwicklungsstand: ab 1 Jahr
Mitspieler: 2–4 Kinder
Material: alles unbedingt sauber und neuwertig, z. B.: Nagelbürste, Topfkratzer, Kinder-Haarbürste, Spülbürste, Igelbälle, Noppenbälle, Papierkugeln, …
Ort/Raum: Gruppenraum, Bewegungsraum, Freigelände
Spielanleitung: Legen Sie viele borstige und stachelige kleine „Igel" auf eine Decke oder Matte. Wer möchte einmal ihre Stacheln fühlen?
Wer möchte anschließend zur Kuscheltier-Party gehen?

Kuscheltier-Party

Alter/Entwicklungsstand: ab 1 Jahr
Mitspieler: 2–4 Kinder
Material: Tiere aus Stoff, Fell oder Frottee, weiche Tücher und Stoffreste, Schaffell zum Drauflegen, Kuschelkissen, weiche Decken
Ort/Raum: Gruppenraum, Bewegungsraum, Freigelände
Spielanleitung: Lassen Sie die Kinder die angenehm weichen Materialien fühlen und mit ihnen experimentieren. Vielleicht verirren sich jetzt einige Igel aus dem Igel-Zoo auf der Kuscheltier-Party. Legen Sie einfach ein paar Bürsten oder Igelbälle zu den weichen Materialien. So können die Kinder die Gegensätze „rau-glatt", „hart-weich" erspüren.

Bänder-Tunnel

Alter/Entwicklungsstand: ab 1 Jahr
Mitspieler: 1–3 Kinder
Material: Papierstreifen, Stoffstreifen, Geschenkbänder (jeweils mindestens 1 m lang); dazu: Band, Heftzwecken
Ort/Raum: Gruppenraum
Spielanleitung: Spannen Sie ein Band zwischen Türrahmen, zwischen zwei Schränken oder zwei Tischen. Knoten Sie viele Bänder (s. o.) daran. Die Bänder sollen bis zum Boden reichen. Vielleicht rollen Sie einen Ball zwischen den Bändern durch über den Boden. Nun heißt es: nichts wie hinterher krabbeln!

Hinweise: Die Bänder schaffen interessante Berührungsreize.
Je leichter die Kinder bekleidet sind, desto intensiver ist die taktile Erfahrung. Beobachten Sie die Kleinen aufmerksam!
Groß und Klein zusammen: Ältere Kinder fahren bäuchlings auf einem Rollbrett unter den Bändern durch.

Tast-Insel

Alter/Entwicklungsstand: ab 1 Jahr
Mitspieler: 2–4 Kinder
Material: verschiedene Teppichfliesen (z. B. aus Filz, Schurwolle, Linoleum, Kork, Velours, Kunstrasen ...), Teppichklebeband – Reste aus dem Baumarkt;
dazu: ein paar Spielzeuge (z. B. Kuscheltier, Ball, Rasseln u. ä.)
Ort/Raum: Gruppenraum, Bewegungsraum
Spielanleitung: Kleben Sie die Teppichfliesen dicht nebeneinander mit Teppichklebeband auf dem Boden fest. Je unterschiedlicher das Material der Fliesen, desto vielseitiger gestalten sich die Tasterfahrungen. Legen Sie ein paar Spielzeuge auf die Tastinsel. Sie regen die Kleinen dazu an, die Insel zu entdecken.
Hinweise: Je leichter die Kinder bekleidet sind (im Sommer vielleicht nur mit einer Windel), desto intensiver wirken die Tasterfahrungen.
Spielen Sie bei kühlen Temperaturen, so können Sie einen kleinen Heizlüfter aufstellen, um für ausreichend Wärme zu sorgen (bevorzugt im Bewegungsraum).

Mal rau, mal glatt: Erlebnis-Wände

Vielleicht überlegen Sie bei der Gestaltung des Gruppenraumes, wie Sie Wände, Türen und Schränke in eine anregende Fühl-Welt verwandeln, die neugierig entdeckt und ertastet werden kann. So wird der Raum selbst zu einem „Erlebnis-Land", das Neugier weckt und zu vielerlei Entdeckungsspielen auffordert.

Die Kleine Wolke

Alter/Entwicklungsstand: ab 1,5 Jahre
Mitspieler: 1 Kind
Material: Moosgummi oder Pappe, Bänder/Schnüre (z. B. dickes Geschenkband, Lederband o. ä.) – dazu: dicke Holzperlen, Gardinenringe
Raum/Ort: Gruppenraum (Krippenbereich)
Spielanleitung: Schneiden Sie aus Moosgummi oder Pappe eine Wolke aus. Bohren Sie mit einer Schere an unterschiedlichen Stellen Löcher in die Wolke. Am besten bohren Sie die Löcher paarweise, sodass sie jeweils ein Band einfädeln und festknoten können. So hängen am Ende verschieden lange Bänder aus der Wolke.
Knoten Sie an das Ende jeden Bandes eine Perle oder einen Gardinenring. Jetzt hat die Wolke Regentropfen bekommen. Nageln oder schrauben Sie nun die Wolke in Kinderhöhe an eine Wand. Die Ringe und Bänder laden zum Tasten ein.

Das Tast-Haus

Alter/Entwicklungsstand: ab 1,5 Jahre
Mitspieler: 1 Kind
Material: 1 Stück Pappe oder Sperrholz (ca. 1 m x 1 m), verschiedene Materialien (z. B. Wellpappe, Schmirgelpapier, Moosgummi, Samt, Fell, Leder …), Schere, Alleskleber, Hammer, Nägel/Schrauben
Raum/Ort: Gruppenraum (Krippenbereich)
Spielanleitung: Schneiden Sie ein Rechteck bzw. Quadrat aus einem Material aus (z. B. Wellpappe). Anschließend schneiden Sie ein Dreieck aus einem anderen Material (z. B. Stoff). Das Dreieck sollte so groß sein, dass es als Dach auf das Rechteck/Quadrat passt. Nun schneiden Sie eine Tür und ein paar Fenster aus unterschiedlichen Materialien aus (z. B. aus Schmirgelpapier, Moosgummi …).

Legen Sie die verschiedenen Formen/Materialien als „Haus" auf ein großes Stück Pappe oder Holz und kleben Sie die Teile anschließend mit Alleskleber fest. Nageln/Schrauben Sie das Tast-Haus in Kinderhöhe an die Wand.

Groß und Klein zusammen: Vielleicht soll das Haus noch einen Hintergrund bekommen. Die großen Kinder helfen beim Anmalen oder Bekleben.

Variation: Gestalten sie mit Hilfe eines großen Umzugskartons ein Tast-Haus, indem Sie es mit unterschiedlichen Materialien bekleben.

Der kleine Tast-Igel

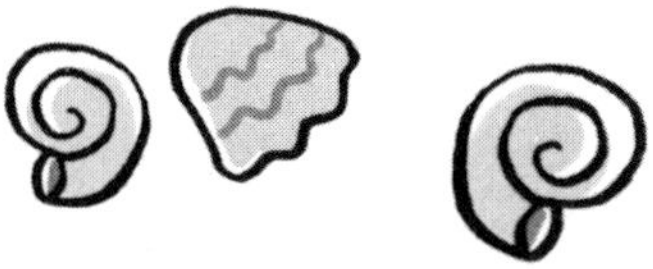

Alter/Entwicklungsstand: ab 1,5 Jahre

Mitspieler: 1 Kind

Material: 1 Stück Pappe oder Sperrholz, verschiedene Materialien (z. B. Muscheln, Holzstückchen, Kork-Scheiben, Knöpfe, Spiegelplättchen, Walnusshälften, Schraubverschlüsse, ...), Alleskleber, Hammer, Nägel/Schrauben, Stifte/Farben

Ort/Raum: Gruppenraum (Krippenbereich)

Spielanleitung: Zeichnen Sie die Grundform eines Igels auf ein großes Stück Pappe oder Sperrholz. Dort, wo gewöhnlich die Stacheln zu finden sind, kleben bzw. nageln Sie unterschiedliche Materialien nebeneinander (z. B. Holzstückchen, Knöpfe, Muscheln, Schraubverschlüsse). Vielleicht bekommt der Igel noch ein Auge (Knopf) und ein Schnäuzchen (Perle).

Hinweise: Prüfen Sie, ob die Materialien wirklich fest auf dem Untergrund haften (sich ablösende Teile könnten von den Kleinen in den Mund gesteckt werden).

Extra-Tipp: Pinnwand zum Tasten

Mischen Sie Kleister mit Sand und streichen Sie den Sandbrei dick auf eine Pinnwand (mit Rahmen). Drücken Sie mit den großen Kindern Muscheln, Knöpfe, Perlen, Schraubverschlüsse, Korken ... in die Sandmasse hinein. Lassen Sie die Masse mehrere Tage trocknen. Hängen Sie das fertige Tast-Bild in Kinderhöhe an eine Wand!

Komm in meinen Ball-See: Bäder für die Sinne

Badewannen, Waschschüsseln und aufblasbare Planschbecken sind nicht nur zum Wasser-Baden da. Füllen Sie doch einmal Papier, Kastanien oder Bälle hinein und lassen Sie die Kinder die angenehmen Tast- und Körpererfahrungen genießen.

Kastanien-Wanne

Alter/Entwicklungsstand: ab 2 Jahre
Mitspieler: 1–3 Kinder
Material: 1 Kinderbadewanne oder 1 großer Pappkarton, dazu: viele Kastanien
Ort/Raum: Gruppenraum, Bewegungsraum
Spielanleitung: Füllen Sie die Wanne bis zur Hälfte mit Kastanien
Die Kleinen können die Kastanien mit den Händen ergreifen und befühlen und nach Herzenslust darin herum wühlen. Wer möchte einmal hinein klettern und ein richtiges „Bad" nehmen?
Variation: Füllen Sie im Herbst die Wanne mit vielen Herbstblättern und einigen Kastanien.

Bälle-Bad

Alter/Entwicklungsstand: ab 1,5 Jahre
Mitspieler: 2–4 Kinder
Material: 1 Kinderplanschbecken zum Aufblasen, viele Bälle (z. B. kleine Kunststoffbälle, Softbälle u. ä.) oder Styroporkugeln
Ort/Raum: Bewegungsraum, Flur
Spielanleitung: Pusten Sie das Planschbecken auf (nicht zu prall, denn so können die Kleinen besser hinein und hinaus klettern).
Füllen Sie das Becken bis zur Hälfte mit Bällen. Lassen Sie die Kinder in den Bällen wühlen und „baden".
Variation: Stellen Sie eine kleine Fußbank oder einen Kasten an den Rand des Beckens oder legen Sie eine weiche Matte über den Rand. Die Matte kann als Rutsche oder Rampe dienen.

Papier-Schlacht

Alter/Entwicklungsstand: ab 1,5 Jahre
Mitspieler: 2–4 Kinder
Material: viele Papierkugeln (aus Seidenpapier, Packpapier, Pergamentpapier, Servietten, Haushaltsrolle …), 1 aufblasbares Kinderplanschbecken
Ort/Raum: Bewegungsraum, Flur
Spielanleitung: Füllen Sie das Becken zur Hälfte mit dem geknüllten Papier. Lassen Sie die Kinder darin wühlen und „baden".
Variation: Wählen Sie statt der Papierkugeln mehrere Papierbögen, die von den Kindern zerrissen und geknüllt werden können.

Kapitän ahoi!

Alter/Entwicklungsstand: ab 1,5 Jahre
Mitspieler: 2–4 Kinder
Material: 1 Kinderplanschbecken zum Aufpusten. Materialien zum Schöpfen: Gießkanne, Joghurtbecher, Sieb, Kelle, kleiner Gefrierbeutel (bitte nur in Handgröße der Kinder!), Handtücher
Hinweise: Kleinkinder brauchen bei Wasserspielen unbedingt Aufsicht durch einen Erwachsenen! Wenn Sie im Bewegungsraum spielen: den Raum mit Badematten auslegen und eventuell mit einem Heizöfchen vorwärmen.
Ort/Raum: Freigelände oder Bewegungsraum
Spielanleitung: Füllen Sie das Becken zur Hälfte mit warmem bzw. lauwarmem Wasser. Lassen Sie die Kinder mit den Materialien Wasser schöpfen, ein- und ausfüllen, gießen. Joghurtbecher verwandeln sich in interessante Gießbecher, wenn Sie mit Hilfe einer heißen Stricknadel (zuvor an Kerze halten) mehrere Löcher hinein brennen.
Variation: Machen Sie über dem Becken Seifenblasen. Die Kinder beobachten, wie die Blasen schweben und dann ins Wasser sinken. Wie wäre es mit einer „Kinder-Schaum-Party"? Geben Sie ein paar Spritzer Kinder-Badeschaum ins Wasser!

Fühl das Gras: Spiele für Kinderfüße

Durch viele Nervenbahnen sind die Fußsohlen besonders feinfühlig.
Manche Kinder lieben es, an den Füßen gestreichelt und massiert zu werden, kleine Fuß-Spiele zu spielen oder über unebene Böden zu gehen.

Die Familie „Fuß"

Alter/Entwicklungsstand: ab 6 Monate
Mitspieler: 1 Kind
Ort/Raum: Krippenbereich, Kuschelecke, Wickeltisch
Spielanleitung: Ziehen Sie dem Kind die Strümpfe aus, streicheln und massieren Sie sanft die Fußrücken bzw. Fußsohlen. Wenden Sie sich dann einzelnen Zehen zu. Bewegen Sie die kleinen Zehen vorsichtig zu dem folgenden Spruch:

Einen stillen Gruß, sagt Familie Fuß.
„Guten Tag", sagt Papa Hans.
„Grirzi", sagt die Mama Kranz.
„Hallo", sagt der Bruder Franz.
„Servus", sagt die Schwester Gans.
„Da-da", sagt der kleine Panz.
Einen stillen Gruß, sagt Familie Fuß.
„Guten Tag", sagt Onkel Fritz.
„Grirzi???", sagt die Tante Dix.
„Hallo", sagt der Vetter Mix.
„Servus", sagt Cousine Trix.
„Wau, wau", sagt der Dackel Pix.
Autorin

Fassen Sie nacheinander die Zehen des rechten Fußes und bewegen Sie die Zehen sanft auf und ab. (Panz, rheinisch = Kind) Wiederholen Sie die Bewegungen am linken Fuß des Kindes

Der kleine Fuß-Weg

Alter/Entwicklungsstand: ab 3 Jahre
Mitspieler: Kleingruppe (die Kinder gehen einzeln hintereinander)
Spielanleitung: Bitte Strumpfe ausziehen und schon geht's los!

- Legen Sie unterschiedliche Teppichfliesen hintereinander zu einer Straße.

- Legen Sie Bierdeckel oder Deckel von Schuhkartons zu einem Weg.
- Legen Sie 6–8 Kissen hintereinander auf den Boden. Bitte darüber balancieren!
- Bauen Sie einen Weg aus Brettern.
- Bauen Sie im Freien einen Weg aus Sand. Drücken Sie Muscheln, Kastanien, Nüsse, Rinde, glatte Steine … in den Sand.
- Legen Sie Seile auf die Erde.
- Füllen Sie 6–8 niedrige Kästen/Kartons mit unterschiedlichen Materialien (z. B. Sand, Felle, Korken, Papier, kleine Holzteile, Bürsten, Seile, Schmirgelpapier …). Lassen Sie die Kinder von Kasten zu Kasten schreiten.

Groß und Klein zusammen: Die Großen helfen beim Füllen der Kästen. Sie können darüber hinaus versuchen, sich mit geschlossenen (verbundenen) Augen von Kasten zu Kasten führen zu lassen.

Schau wie sich das anfühlt! – Tast-Bücher und Memories

Bei Tast-Bildern arbeiten Augen und Hände als Team zusammen.
Sie entsprechen dem kindlichen Bedürfnis, vieles zu betasten, zu untersuchen und auf unterschiedliche Weise zu handhaben.

Mein Tastbuch

Alter/Entwicklungsstand: ab 1,5 Jahre
Mitspieler: 1 Kind
Material: 6–8 stabile Quadrate oder Rechtecke aus dickem Pappkarton; unterschiedliche Materialien zum Draufkleben (z. B. Samt, Wellpappe, Fell, Leder, Teppichboden, Schmirgelpapier, Kork …), dazu: Klebstoff, Schere, Locher, Kordel
Ort/Raum: Gruppenraum (z. B. Krippenbereich, Kuschelecke)
Spielanleitung: Bekleben Sie jede Pappseite mit einem anderen Material. Lochen Sie die Seiten mit dem Locher bzw. stanzen Sie mit der Schere ausreichend große Löcher hinein. Binden Sie die Seiten mit einer Kordel zu einem Buch zusammen. Kleben Sie vorn auf den Deckel des Buches ein Bild (Tier, Spielzeug …). Blättern Sie mit dem Kind in dem Buch und lassen Sie es jede Seite tasten/fühlen.
Hinweise: Am besten platzieren Sie immer gegensätzliche Materialien auf einer Doppelseite (z. B. Samt und Schmirgelpapier).

Fühl-Bilder

Alter/Entwicklungsstand: ab 2 Jahre
Mitspieler: 1–2 Kinder
Material: 1–4 große, deutliche Bilder (z. B. Auto, Haus, Tier, Spielzeug) in „Bilderbuch-Größe"; dazu Tastmaterial (Stück Fell, Pappe, Silberpapier, Spiegelfolie, Wolle, Stoff u.ä); weiter: Klebstoff, Schere
Ort/Raum: Gruppenraum
Spielanleitung: Wählen Sie zunächst nur 1 Bild aus. Gestalten Sie das Bild mit 1–2 Tastmaterialien. Kleben Sie z. B. bei einem Auto dicke Holzscheiben als Räder mit Alleskleber an oder gestalten Sie ein Tier, indem Sie ein echtes Stück Fell aufkleben. Bei einem Haus können Sie die Scheiben mit Spiegelfolie oder Silberpapier verschönern. Betrachten Sie das einzelne Bild mit dem Kind/den Kindern. Wer möchte jetzt das Bild anfühlen?

Tast-Memory

Alter/Entwicklungsstand: ab 3 Jahre
Mitspieler: 1–3 Kinder
Material: 2–6 Bierdeckel, dazu Tast-Materialien wie z. B. Samt, Kork, Schmirgelpapier, Fell, Leder, Wellpappe, Spiegelfolie usw.; zudem: Schere und Klebstoff
Ort/Raum: Gruppenraum
Spielanleitung: Kleben Sie auf jeweils 2 Bierdeckel das gleich Material (z. B. Kord-Kord oder Leder-Leder …). Lassen Sie die Kinder die Materialien zunächst nur ertasten und später dann paarweise zuordnen.
Groß und Klein zusammen: Ältere Kinder tasten mit geschlossenen Augen bzw. spielen das Spiel als Memory, indem Sie die Deckel umdrehen, paarweise aufdecken, ertasten, zuordnen.

4.

Schau genau! Sehen und staunen

Wie sehen kleine Kinder die Welt? Beim Sehen werden Bewegungen, Muster, Formen, Größen, Lagen, räumliche Beziehungen und Farben von Objekten wahrgenommen. Neben Mobiles wecken Spiegel, Lichter, Farben und optische Überraschungseffekte sehr früh das Interesse kleiner Kinder.

Die bewegte Welt der Mobiles

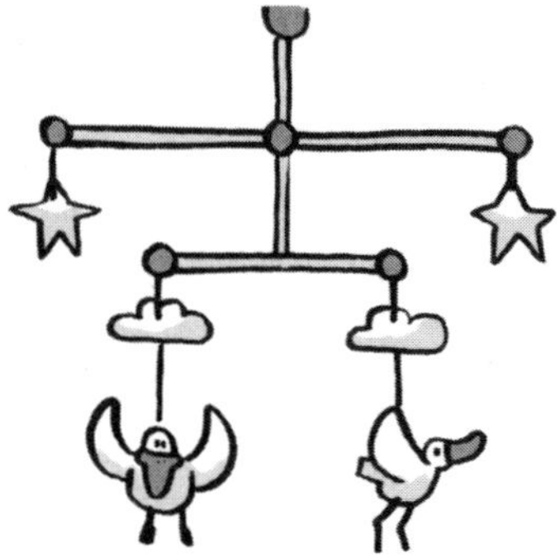

Mobiles sind richtige „Hingucker". Bewegte Objekte faszinieren, regen zur konzentrierten Beobachtung an.

Luftballonmobile

Alter/Entwicklungsstand: 6 Monate (und jünger)
Mitspieler: 1 Kind
Material: 1–3 Luftballons, dünner Bindfaden, eventuell: Zucker, Reis , Erbsen
Ort/Raum: Gruppenraum (z. B. Krippenbereich, Wickelplatz)
Hinweise: Verwenden Sie anfangs nur einen Luftballon. Später können Sie die Zahl der Ballons erhöhen!
Spielanleitung: Pusten Sie den Ballon nur wenig auf. Wenn Sie mögen, so füllen Sie zuvor etwas Zucker, Reis oder Erbsen hinein. So erzeugt der Ballon zarte Geräusche. Verknoten Sie den Ballon und hängen sie ihn mit einem Bindfaden in Kinderhöhe (Gesichtsfeld) unter die Decke.
Variation: Hängen Sie als Halte-Vorrichtung für die Ballons einen Kleiderbügel, ein Rundholz oder einen dünnen Ast unter die Decke. Die Vorrichtung kann bleiben und als Basis für andere (wechselnde) Materialien benutzt werden.

Klingel-Mobile

Alter/Entwicklungsstand: 6 Monate (und jünger)
Mitspieler: 1 Kind
Material: 8–10 Metallglöckchen oder Plastik-Fingerhüte – dazu: Bindfaden oder dünne Geschenkbänder

Ort/Raum: Gruppenraum (z. B. Krippenbereich, Wickelplatz o. a. Ecke)
Spielanleitung: Knoten Sie die Glöckchen an mehrere Geschenkbänder. Oder schmelzen Sie mit Hilfe einer heißen Stricknadel oder Nähnadel (an Kerze halten) Löcher in Plastik-Fingerhüte. Fädeln Sie durch jeden Fingerhut ein dünnes Geschenkband (kleiner Knoten gibt Halt). Fügen Sie die Bänder mit den Hüten (oder Glöckchen) mit Hilfe einer Schleife oder dicken Perle zu einem Strang zusammen. Das klingelnde Gehänge kommt nun unter die Zimmerdecke (Blickfeld der Kinder).

Bänderhandschuh

Alter/Entwicklungsstand: 6 Monate (und jünger)
Mitspieler: 1–4 Kinder
Material: 1 alter Fingerhandschuh aus Wolle (Erwachsenengröße), verschiedenfarbige dicke Wollfäden, Stoffbänder oder Geschenkbänder
Ort/Raum: Gruppenraum
Spielanleitung: Nähen Sie an jeden Finger des Handschuhs mindestens einen Faden oder ein Band. Schlüpfen Sie mit der Hand in den Handschuh und bewegen Sie ihn dann so über den Köpfen der Kinder, dass er wahrgenommen und die herab hängenden Bänder betastet werden können. Vielleicht krabbeln die Kinder auch hinterher. Erzeugen Sie Spannung, indem Sie den Handschuh verschwinden und wieder auftauchen lassen.
Hinweise: Das Spiel regt die Kinder zur konzentrierten Beobachtung und zur Bewegung an.

Spieglein, Spieglein … – Spiele mit dem Spiegelbild

Spiegel können bei Kleinkindern ein Medium sein, um ihre Wahrnehmung anzusprechen und die Identitätsbildung zu fördern. Einige Psychoanalytiker (z. B. J. Lacan) sprechen vom sog. „Spiegelstadium". Vor diesem Stadium kann das Kind nicht zwischen sich und seiner Mutter unterscheiden. Es fühlt sich noch ganz als Einheit mit dieser vertrauten Bezugsperson (Symbiose). Das Erkennen und Identifizieren mit dem eigenen Spiegelbild ist ein erster Schritt der Lösung von der Mutter. Zunächst wendet sich das Kind eher zufällig dem Spiegel zu. Ab etwa 10 Monaten tut es dies gezielt (Spiegel betasten, Spiegelbild küssen, sich selbst bei Bewegungen im Spiegel beobachten). Ab Mitte des 2. Lebensjahres können sich viele Kinder selbst im Spiegel erkennen. Sie halten das Spiegelbild nicht mehr für ein anderes Kind.

4.

Spiegelwelt Gruppenraum

- Bringen Sie im Krippenbereich einen Ganzkörper-Spiegel in der Größe der Kinder an (eventuell davor Haltestange zum Hochziehen und Festhalten).
- Auch ein Spiegel an Tür oder Schrank, im Eingangsbereich des Kindergartens, im Waschraum regt zur Selbstbetrachtung an.
- Vermeiden Sie bei den Kleinen zunächst Zerrspiegel, Spiegelfliesen oder auf dem Boden liegende Spiegel. Ungewöhnliche Perspektiven, Ausschnitte und Verzerrungen irritieren.

Hallo, wer ist das?

Alter/Entwicklungsstand: ab 10 Monate (Kind sollte Interesse am eigenen Spiegelbild haben)
Mitspieler: 1 Kind
Material: 1 großer Wand-Spiegel
Ort/Raum: Gruppenraum (z. B. Krippenbereich)
Spielanleitung: Beobachten Sie das Kind, wenn es sich selbst im Spiegel betrachtet. Setzen oder stellten Sie sich neben das Kind oder halten Sie es auf dem Arm, während sie gemeinsam vor dem Spiegel stehen. Vielleicht winken sie gemeinsam dem Spiegelbild zu, schneiden Fratzen, machen ein Wiegespiel oder ein Fingerspiel vor dem Spiegel.
Variation (für Kinder ab 12 Monate): Setzen Sie sich mit einer kleinen Gruppe (3–4 Kinder) im Halbkreis vor einem Spiegel auf den Boden. Machen Sie ein Fingerspiel und beobachten Sie, ob sich die Kinder dabei selbst im Spiegel zuschauen.

Spiegelstraße

Alter/Entwicklungsstand: ab 1 Jahr
Mitspieler: 3–6 Kinder
Material: 6–8 Spiegel, 4–6 Matten, mehrere große Stühle/Tische
Ort/Raum: Gruppenraum, Bewegungsraum, Flur/Halle
Spielanleitung: Lehnen Sie die Spiegel an Stühle/Tische (eventuell mit Band festbinden!) oder direkt an eine Wand. Legen Sie vor den Spiegeln mehrere Matten zu einer „Straße“ hintereinander auf den Boden. Platzieren Sie am Ende der Straße ein Spielzeug oder rollen Sie einen Ball über die Matten, sodass die Kleinen zum hinterher Krabbeln animiert werden.
Sie können auch frontal an das Ende der Straße einen Spiegel stellen (bitte mit ausreichend Abstand!). So krabbeln die Kinder ihrem Spiegelbild entgegen.
Groß und klein zusammen: Für große Kinder bauen Sie einen „Irrgarten“ auf. Verteilen Sie mehrere Spiegel im Raum. Sie können auch „über Eck“ bauen oder Teil-Spiegel und Zerrspiegel einsetzen.

Spiegel-Lichter-Glanz

Alter/Entwicklungsstand: ab 1 Jahr
Mitspieler: Klein- oder Großgruppe
Material: 1–3 Spiegel zum Aufstellen (etwa DIN A-4- Größe), 1 Kerze oder Teelichter, Streichhölzer
Ort/Raum: Gruppenraum
Spielanleitung: Stellen Sie vor einen Spiegel eine brennende Kerze oder ein bzw. mehrere Teelichter. Vielleicht dunkeln Sie den Raum dazu etwas ab. Schauen Sie, ob sich die Kinder von den Licht-Effekten faszinieren lassen.
Variation (ab 1,5 Jahre): Stellen Sie 2–3 Spiegel wie ein „aufgeschlagenes Buch“ auf. Oder Sie bauen aus 3 Spiegeln ein kleines „Spiegel-Haus“. Ein Spiegel bildet den Boden, zwei weitere Spiegel werden als „Dach“ gegeneinander gelehnt und auf bzw. an den Spiegel-Boden gestellt.
Statt der Kerzen können Sie auch eine Lichterkette oder einen Lichtschlauch verwenden!

4.

Mal rein schauen! Guck-Kästen

Sammeln Sie Schachteln, Kästen und Kartons unterschiedlicher Größe und Beschaffenheit. Füllen Sie die Kästen mit allerlei geheimnisvollen Dingen. Bauen Sie richtige Guck-Kästen zum Reinschauen und Staunen. Für wissbegierige Kinderaugen eröffnet sich eine neue Welt des Sehens und Begreifens.

Schachtel-Spiele

Alter/Entwicklungsstand: ab 10 Monate
Mitspieler: 1–4 Kinder
Material: leere, durchsichtige Kästchen aus Kunststoff (z. B. von Pralinen oder Konfekt), Material zum Füllen (Glöckchen, Perlen, Erbsen, Papierschnipsel, kleine Spiegel, winzige Plastiktierchen, Muscheln), Klebeband zum Zukleben
Ort/Raum: Gruppenraum
Spielanleitung: Füllen Sie die Kästchen mit 1–2 Materialien. Schließen Sie die Kästen fest und umkleben Sie die Ränder ringsum mit Klebeband. Geben Sie jedem Kind zunächst einen, später 2–3 Kästchen zum freien Spiel. Die Kinder entdecken, dass sich die Materialien in den Kästchen durch Bewegung der Hände mitbewegen lassen. Interessante optische Effekte entstehen.
Hinweis: Testen Sie, ob die Kästen wirklich fest verschlossen sind.
Immer daran denken: Kleinstteile können verschluckt werden!
Groß und Klein zusammen: Füllen Sie die Schachteln gemeinsam mit den großen Kindern.

Flaschenpost

Alter/Entwicklungsstand: ab 10 Monate
Mitspieler: 1–4 Kinder
Material: 4–8 leere, durchsichtige Kunststoff-Flaschen unterschiedlicher Größe (Getränkeflaschen), Material zum Füllen (Perlen, Papierschnipsel, Glöckchen, auch gefärbtes Wasser oder Saft)
Ort/Raum: Gruppenraum

Spielanleitung: Füllen Sie die Flaschen mit verschiedenen Materialien. Besonders interessant ist es, wenn Sie Flaschen mit wenig (gefärbtem) Wasser oder wenig Saft füllen. Wenn die Kinder die Flaschen hin und her bewegen, so bewegt sich die Flüssigkeit mit. Sie können auch eine schwimmende Kugel in die Flüssigkeit geben.
Groß und Klein zusammen: Spielen Sie mit Groß und Klein „Flaschendrehen". Alle sitzen im Kreis. Die Flasche wird gedreht. Auf wen zeigt sie? Die Großen dürfen beim Flaschendrehen eine Frage stellen. Die Flasche gibt die Antwort.

Guckkasten-Theater

Alter/Entwicklungsstand: ab 2,5 Jahre
Mitspieler: 1–4 Kinder
Material: Schuhkartons o. a. Kartons
Ort/Raum: Gruppenraum
Spielanleitung: Schneiden Sie in die Kartons jeweils einen Sehschlitz zum Reingucken. Bohren Sie zudem mehrere Löcher ringsum in den Karton, sodass ausreichend Tages-Licht hinein fallen kann. Stellen Sie die Kartons auf einen Tisch in Kinderhöhe (Kinder sollen durch den Sehschlitz gucken können).
Nun beginnt das Spiel. Jeder Karton hält eine Überraschung bereit:

- Halten Sie an einen Karton eine Taschenlampe.
- Beim nächsten Karton legen Sie rotes Transparentpapier über die Licht-Löcher.
- Dann wiederum statten Sie einen Karton mit einem Spiegel, einer Lichterkette oder einem Aufzieh-Tierchen aus.
- Auch funkelnde und blinkende Kugeln, Steine oder Alufolie faszinieren.
- Oder Sie hängen Geschenkbänder oder Perlenschnüre in einen Karton.

Da bewegt sich was: Effekt- und Überraschungsspiele

Alles was sich bewegt und vielleicht am Ende einen Überraschungseffekt erzeugt, fasziniert kleine Kinder. Oft können Sie gar nicht genug davon bekommen und versuchen, bestimmte Effekte wieder und wieder zu erzeugen.

Die Magnet-Maus

Alter/Entwicklungsstand: ab 2,5 Jahre
Mitspieler: 1–4 Kinder
Material: kleine Magnetplättchen, die sich gegenseitig anziehen (Bastel- oder Kiga-Bedarf), Walnüsse, kleines Holzstück – dazu: Nussknacker, Alleskleber, Wollfaden, Filzstift
Ort/Raum: Gruppenraum
Spielanleitung: Basteln Sie aus Walnusshälften eine oder mehrere Mäuse. Jede Maus erhält Augen (mit Filzstift zeichnen) und einen Schwanz aus Wollfaden. Als Schnauze kleben Sie mit Alleskleber einen kleinen Magneten auf.
Nun kleben Sie auf ein Stück Holz einen zweiten Magneten. Halten Sie das „magnetische Holz" vor die „magnetische Maus". Was passiert?
Variation: Wenn sie keine Magneten haben, so kleben Sie an jede Maus einen langen Faden. Ziehen Sie die Mäuse mit Hilfe der Fäden über den Tisch.

Selbstgebauter Kreisel

Alter/Entwicklungsstand: ab 2 Jahre
Mitspieler: 1–4 Kinder
Material: viele runde Bierdeckel, Rundhölzer (jeweils 8–10 cm lang), eventuell Farben
Ort/Raum: Gruppenraum
Spielanleitung: Stecken Sie in jeden Bierdeckel ein Rundholz (möglichst genau in die Mitte). Drehen Sie das Rundholz mit den Fingern, sodass der Bierdeckel rotiert. Beobachten Sie mit den Kindern, wohin er sich bewegt und wie lange er sich dreht. Versetzen Sie mehrere Deckel in Bewegung. Wer kann die Deckel fangen?
Groß und Klein zusammen: Gestalten Sie mit den Großen farbige Bierdeckel mit unterschiedlichen Effekten. Malen Sie Streifen oder Punkte darauf oder gar Spiralen. Wenn Sie nun aus den Deckeln mit Hilfe der Hölzer Kreisel bauen, eröffnet sich ein überraschender „Augenschmaus".

Zauberkugeln

Alter/Entwicklungsstand: ab 10 Monate
Mitspieler: 1–4 Kinder
Material: durchsichtige Kunststoffkugeln unterschiedlicher Größe (Bastelgeschäft) – bestehen aus 2 Hälften – Materialien zum Füllen: z. B. Papierschnipsel, Erbsen, Perlen, Murmeln, Glöckchen, durchsichtiges Klebeband
Ort/Raum: Gruppenraum
Spielanleitung: Öffnen Sie die Kugeln und füllen Sie anschließend Perlen, Glöckchen o. ä. hinein. Verkleben Sie die Kugeln mit durchsichtigem Klebeband. Lassen Sie die Kugeln über den Boden rollen. Schon die Kleinsten sind davon begeistert und krabbeln hinterher.
Variation: Hängen Sie mehrere Kugeln mit Geschenkband als Mobile unter die Decke.

Versteck- und Suchspiele

War das Ding nicht gerade noch da? Wo ist es jetzt?
Schon ab etwa 7 Monaten suchen Kinder nach heruntergefallenen Gegenständen. Sie haben ebenso Spaß daran, sich ein Tuch über Kopf und Augen legen zu lassen (oder selbst zu legen) und es mit „Kuckuck" wieder weg zu ziehen. Mit zunehmendem Alter finden Kinder immer mehr Gefallen an Such- und Versteckspielen.

Topf-Schlagen

Alter/Entwicklungsstand: ab 2,5 Jahre
Mitspieler: Klein- oder Großgruppe
Material: 1 Kochtopf, 1 Spielzeug, 1 Holzlöffel (eventuell Tuch)
Ort/Raum: Gruppenraum
Spielanleitung: Alle sitzen im Kreis. Legen Sie ein Spielzeug unter den Topf. Verstecken sie den Topf irgendwo im Raum. Ein Kind geht mit einem Kochlöffel in der Hand auf die Suche nach dem Topf. Hat es ihn gefunden, so darf es darauf schlagen und so richtig Krach machen. Was ist unter dem Topf versteckt? Mal nachschauen!
Variation: Legen Sie dem Kind ein Tuch über den Kopf. So kann es zwar noch den Boden unter sich sehen, aber die Orientierung im Raum fällt schon schwer. Wo ist wohl der Topf?

Hinweise: Kleine Kinder müssen sich zuerst daran gewöhnen, dass ihnen bei einem Spiel die Augen verbunden werden. Probieren Sie das Spiel zunächst mit geöffneten Augen, dann mit dem Tuch über dem Kopf.
Groß und Klein zusammen: Die Großen spielen mit verbundenen Augen. Die Gruppe erleichtert die Orientierung, indem sie (je nachdem, ob sich das Kind in der Nähe des Topfes befindet) „heiß" oder „kalt" ruft.

Nun kommt der Zauberer

Alter/Entwicklungsstand: ab 1 Jahr (die Kinder sollten schon erkennen, dass Dinge weiter existieren, selbst wenn sie nicht mehr zu sehen sind)
Mitspieler: 1 Kind
Material: 1 Tuch, Spielzeug zum Verschwinden
Ort/Raum: Gruppenraum
Spielanleitung: Legen Sie ein Spielzeug auf den Tisch. Nun decken Sie ein Tuch darüber. Anschließend ziehen sie es wieder weg und rufen „Kuckuck". Vielleicht möchte das Kind jetzt auch einmal die Puppe verschwinden und wieder auftauchen lassen. Dann beginnt die Zauberei: Legen Sie wieder das Tuch über die Puppe. Doch jetzt lassen Sie die Puppe schnell unter dem Tisch verschwinden. Ziehen Sie das Tuch weg. Wo ist die Puppe? Schaut das Kind nach oder ist es ratlos? Sie können ihm helfen, indem Sie ganz deutlich unter den Tisch schauen.
Variation (ab 1,5 Jahre): Verstecken Sie einen Gegenstand deutlich sichtbar im Raum. Auch ein Kind kann sich verstecken und muss dann von allen gesucht werden.
Groß und Klein zusammen: Für ältere Kinder (ab 3 bzw. 4 Jahre) legen Sie 2 (später 3) Gegenstände auf die Erde, und decken diese mit einem Tuch ab. Ziehen Sie das Tuch weg. Beim Wegziehen lassen Sie geschickt einen Gegenstand mitverschwinden. Die großen Kinder sollen sagen, welcher Gegenstand fehlt.

Schau genau: Sehen, ordnen, vergleichen

Mit dem Gesichtssinn (visuelle Wahrnehmung) lernen die Kleinen, Größen, Formen, Farben zu vergleichen, zu unterscheiden, zuzuordnen, zu sortieren. Sie erkennen Übereinstimmungen, Unterschiede, Zusammenhänge und setzen diese Erfahrungen mit Gedächtnisinhalten in Beziehung. Spiele zum Schauen und Zuordnen fördern neben der visuellen Wahrnehmung die kognitive und sprachliche Entwicklung.

Ab in die Box!

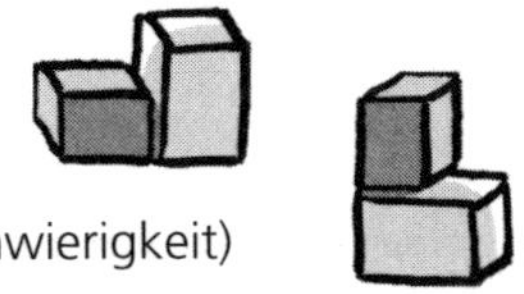

Alter/Entwicklungsstand: ab 1,5 bzw. 2 Jahre (je nach Schwierigkeit)
Mitspieler: 1–3 Kinder
Material: 1–4 Kaffeedosen mit Deckel (bzw. 1 Schuhkarton), scharfes Messer oder Schere, dazu: runde, quadratische, rechteckige bzw. dreieckige Bausteine (auch ein kleiner Ball ist möglich)
Ort/Raum: Gruppenraum (z. B. Krippenbereich)
Hinweise: Bei den ganz Kleinen reicht eine Kaffeedose mit einem Baustein zum Einwerfen. Mit zunehmendem Alter können mehrere Dosen und unterschiedliche Bausteine angeboten werden.
Spielanleitung: Schneiden Sie in den Deckel einer Kaffeedose

- ein kreisrundes Loch,
- später schneiden Sie in weitere Dosen jeweils ein quadratisches bzw. rechteckiges (eventuell auch dreieckiges) Loch.

Die Größe der Öffnungen richtet sich nach den Gegenständen (z. B. Baustein, kleiner Ball), die in die Dosen eingeworfen werden sollen!
Die Kinder versuchen nun, die Bausteine in die jeweils passende Öffnungen zu werfen.
Variation: Nehmen Sie einen Schuhkarton und schneiden Sie 3 verschiedene Formen nebeneinander aus (z. B. Kreis, Quadrat, Dreieck, …).

Groß oder Klein?

Alter/Entwicklungsstand: ab 2,5 Jahre
Mitspieler: Klein- oder Großgruppe
Material: großes und kleines Tier, großer und kleiner Schuh, großer und kleiner Stuhl, große und kleine Tasse usw.
Ort/Raum: Gruppenraum, Bewegungsraum
Spielanleitung: Zeigen Sie den Kindern ein großes Stofftier und fragen Sie: „Wer bringt mir ein kleines Tier?" Zeigen Sie weitere große Teile und lassen Sie die Kinder dazu jeweils die kleine Variante suchen. Lassen Sie Groß und Klein nebeneinander stehen.
Zum Schluss räumen alle gemeinsam auf und bringen die Teile an ihren Platz im Raum zurück.

Wem gehört der Schuh?

Alter/Entwicklungsstand: ab 2 Jahre
Mitspieler: Klein- oder Großgruppe
Material: Kinderschuhe
Raum/Ort: Bewegungsraum
Spielanleitung: Alle Kinder sitzen im Kreis. Wer möchte einen Schuh ausziehen? Alle „Freiwilligen" legen ihren Schuh in die Kreismitte. Nun hält die Erzieherin einen Schuh in die Höhe und fragt: „Wem gehört dieser Schuh?" Die Gruppe blickt sich um. Welches Kind hat schon einen solchen Schuh am Fuß? Auf diese Weise wandern die Schuhe zu ihren Besitzern zurück.

Mein erstes Puzzle

Alter/Entwicklungsstand: ab 2 Jahre
Mitspieler: 1–2 Kinder
Material: Bild (z. B. von einem Bauernhof, von einer Baustelle, von einem Garten …), spitze Schere, – eventuell Moosgummi-Platte, ca. 4 dicke Holzperlen, Alleskleber
Ort/Raum: Gruppenraum
Spielanleitung: Schneiden Sie aus einem Bild 4–6 einzelne Gegenstände heraus. Legen Sie das Bild auf den Tisch. Fragen Sie die Kinder, an welche Stelle die einzelnen Teile wohl gehören?
Hinweise: Da kleine Kinder bevorzugt ganzheitlich wahrnehmen, sollten Sie darauf achten, dass Sie bei der Herstellung einfacher Puzzles keine Gegenstände (Menschen, Tiere …) auseinander schneiden. Besser mehrere ganze Gegenstände mitten aus dem Bild herausschneiden und von den Kindern wieder hineinlegen lassen (Einlege-Puzzles).
Kleben Sie das Bild erst auf eine Moosgummi-Platte, bevor Sie die Teile vorsichtig mit einer feinen Schere ausschneiden. Jetzt sind die Teile „griffiger" für kleine Hände (zusätzlich eventuell dicke Perle zum Greifen auf jedes Teil kleben).

Bilder-Paare finden

Alter/Entwicklungsstand: ab 2,5 bzw. 3 Jahre
Mitspieler: 1–4 Kinder
Material: 4–24 Bierdeckel , 2 gleiche Prospekte/Kataloge (z. B. von Spielzeug, Tieren u. ä.) oder anderes Bild-Material; dazu: Schere, Klebstoff (eventuell Buntpapier oder Fingerfarbe)
Ort/Raum: Gruppenraum
Spielanleitung: Bemalen oder bekleben Sie die Bierdeckel in einer Grundfarbe. Schneiden Sie aus den Prospekten immer zwei gleiche Teile aus, die Sie anschließend jeweils auf einen Bierdeckel kleben. Nun folgt das Spiel: Beginnen Sie bei den Kleinsten zunächst mit 2–4 Bierdeckeln (also 1–2 Paaren). Legen Sie die Deckel mit den Bildern nach unten auf den Tisch. Nun heißt es: Deckel umdrehen und staunen. Was sieht denn da gleich aus? Steigern Sie die Anzahl der Deckel je nach Interesse und Fähigkeiten der Kinder.
Groß und klein zusammen: Die größeren Kinder (ab 3 Jahre) spielen ein erstes „Memory-Spiel". Die Kinder drehen abwechselnd die Decke paarweise um. Sind zwei gleiche Gegenstände darauf, so darf das Paar „behalten" werden. Zum Schluss sind alle Paare vergeben und der Tisch ist leer.
Hinweise: Kleinkinder verstehen zunächst noch keine komplexe Spielregel, die durchgehend befolgt werden muss. Auch Konkurrenz mit Sieger und Verlierer liegt ihnen noch fern.

Rot, rot, rot: Farbspiele

Kleine Kinder können schon recht früh Farben wahrnehmen bzw. unterscheiden. Die Bennennung der Farben ist jedoch ein oft mühevoller Lernvorgang. Kleinkinder scheinen zuerst den roten Anteil des Farbspektrums zu erkennen (zuletzt den blau/violetten).

Farbbeutel und Flaschen

Alter/Entwicklungsstand: ab 10 Monate
Mitspieler: 1–4 Kinder
Material: Gefriertüten oder kleine leere Plastikflaschen; dazu: farbiges Wasser (mit Lebensmittelfarbe), Fruchtsaft
Ort/Raum: Gruppenraum
Spielanleitung: Füllen Sie Gefrierbeutel zu einem Viertel mit farbigem Wasser bzw. Saft und schließen Sie die Beutel mit einem festen Knoten. In die Beutel können die Kleinen nicht nur nach Herzenslust hineingreifen. Die farbigen Flüssigkeiten bieten auch interessante, optische Spielereien.
Variation: Gießen Sie die farbigen Flüssigkeiten in leere Plastikflaschen (etwa 1/4 – 1/8 füllen). Schließen Sie die Flaschen fest. Die Kleinen können sie hin und her bewegen und sogar umwerfen. Größere Kinder stellen sie vielleicht nebeneinander auf oder bauen damit.
Hinweise: Beobachten Sie die Kleinen aufmerksam. Die Beutel verlocken zum Saugen und hinein Beißen. Auf Sicherheit achten!

Farben würfeln

Alter/Entwicklungsstand: ab 3 Jahre
Mitspieler: 2–4 Kinder
Material: 1 Farbwürfel, dazu nach Wahl: 10–20 Holzperlen in den Grundfarben (immer mehrere in einer Farbe), Perlenschnur oder Rundholz (passend zur Öffnung in den Perlen)
Ort/Raum: Gruppenraum
Spielanleitung: Die Kinder würfeln. Je nach der gewürfelten Farbe nehmen sie eine Perle gleicher Farbe und fädeln sie auf die Schnur oder stecken Sie auf das Rundholz (Holz eventuell senkrecht in Knetgummi stecken). So entstehen Ketten bzw. Türmchen.
Variation: Die Kinder ordnen die Perlen in passende Schälchen.
Groß und Klein zusammen: Die großen Kinder schneiden 4 Bäume aus Fotokarton aus (roter, gelber, grüner, blauer Baum). Sie können die Bäume mit Buntstiften ausgestalten.
Gemeinsam mit den Kleinen spielen sie das Spiel mit dem Farbwürfel: Eine Farbe würfeln, Perle in derselben Farbe auswählen und auf den farblich passenden Baum legen.

Zielen, zielen! – Augen und Hand arbeiten zusammen

Augen und Hand sind ein perfektes Team. Die Augen arbeiten mit, wenn es darum geht, Gegenstände gezielt zu greifen, einen Ball zu werfen oder zu fangen, Gegenstände in Öffnungen zu befördern oder ineinander zu stecken.

Die Wand-Kugelbahn

Alter/Entwicklungsstand: ab 2 Jahre
Mitspieler: 1–3 Kinder
Material: viele Pappröhren (z. B. von Haushaltsrolle), Klebeband (1 x einfach und 1x beidseitig klebend) , Schere, Holzkugeln oder Murmeln
Ort/Raum: Gruppenraum, Flur, Bewegungsraum
Spielanleitung: Kleben Sie Pappröhren so mit beidseitigem Klebeband an eine Wand, Tür oder Tafel, dass eine lange Schräge entsteht (mehrere Röhren zusammen kleben). Nun können die Kinder oben eine Kugel einwerfen und beobachten, wie sie unter wieder herausrollt.
Variation: Wer fängt die Kugel mit einem Becher oder in einer Schüssel?

Gefräßige Kartons

Alter/Entwicklungsstand: ab 1,5 Jahre
Mitspieler: 1–3 Kinder
Material: Tennis- oder Tischtennisbälle (ersatzweise Papierkugeln), großer Karton, Schere
Ort/Raum: Gruppenraum/Bewegungsraum
Spielanleitung: Schneiden Sie in einen Karton ein Gesicht mit einem großen, gefräßigen Mund. Nun darf der Karton über den Mund mit vielen Bällen gefüttert werden. Größere Kinder, die schon den Zielwurf beherrschen, werfen die Bälle mit etwas Abstand ein.

5.

Kling, klang! Hören und lauschen

Über das auditive System können Kinder Töne, Klänge und Geräusche wahrnehmen und unterscheiden. Unruhige Kinder werden leicht durch beständige, rhythmische Klänge beruhigt (Spieluhr, Wiegenmusik).
Kleinkinder lieben Gegenstände, die Töne oder Geräusche machen (Rasseln, Glöckchen, Spieluhren, Brummkreisel). Mit Lallen, Brabbeln und Plappern bringen Kinder selbst Laute und Wörter hervor.
Das Gehör hat eine wichtige Funktion bei der Kommunikation und ist Voraussetzung für die Sprachentwicklung.

Rasseln für die „Rasselbande"

Zugreifen, festhalten, bewegen: Rasseln sind ideal für kleine Hände. Hier verbinden sich Feinmotorik, Augen-Hand-Koordination und akustische Wahrnehmung. Dazu bringen sie jede Menge Spaß.

Glöckchen-Besen

Alter/Entwicklungsstand: ab 6 Monate
Mitspieler: 1–3 Kinder
Material: 1 kleiner Schneebesen, Schleifenband, mehrere kleine Glöckchen
Ort/Raum: Krippenbereich
Spielanleitung: Knoten sie viele kleine Glöckchen mit Schleifenband an die Drahtschlaufen eines Schneebesens. Die ungewöhnliche Rassel regt Babys zum Greifen und Bewegen an.

Schüttel-Becher und -Dosen

Alter/Entwicklungsstand: ab 1,5 Jahre
Mitspieler: Klein- oder Großgruppe
Material: Joghurtbecher; nach Wahl: Pergament- oder Transparentpapier bzw. Klarsichtfolie; dazu: Gummibänder und Materialien zum Füllen (Reis, Erbsen, Bohnen, Perlen …). Statt der Joghurtbecher können Sie auch „Filmdosen" wählen.

Ort/Raum: Gruppenraum, Bewegungsraum
Spielanleitung: Füllen Sie Joghurtbecher mit unterschiedlichen Materialien. Verschließen Sie die Becher mit Klarsichtfolie oder Pergamentpapier und Gummiband. Sie können die Becher auch mit Transparentpapier und Kleister verschließen und eine paar Tage trocknen lassen. Die Kinder können durch Schütteln unterschiedliche Klänge/Geräusche erzeugen.
Variation: Für kleine Hände besonders geeignet sind Filmdosen.
Füllen Sie 4–6 Dosen mit unterschiedlichem Inhalt. Vielleicht kleben Sie auf jede Dose ein lustiges Abziehbild. So sind die kleinen Krachmacher auch optisch interessant.

Glühbirnenrassel

Alter/Entwicklungsstand: ab 2 Jahre
Mitspieler: 2–6 Kinder
Material: gebrauchte Glühbirnen, Transparentpapier, Kleister, Hammer
Ort/Raum: Gruppenraum
Spielanleitung: Reißen Sie Transparentpapier in viele kleine Schnipsel, die sie nacheinander mit Kleister einstreichen, ringsum auf Glühbirnen geben und fest andrücken. Am besten kleistern Sie mehrere Schichten übereinander, sodass die Glühbirnen fest mit Papier ummantelt sind. Lassen Sie die Birnen anschließend so lange trocknen, bis das Papier ganz hart und fest geworden ist. Nun schlagen Sie vorsichtig mit einem Hammer auf jede Birne, bis das Glas unter dem Schlag zersprungen ist. Beim Bewegen der Birne klirrt und knistert es geheimnissvoll.

Glöckchen, Spieluhren, Wiegenmusik

Klingende Spielzeuge fesseln die Aufmerksamkeit kleiner Kinder. Spieluhren- und Wiegenmusik wirkt beruhigend und ausgleichend, z. B. wenn Kinder zu den Klängen getragen und geschaukelt werden (Stimulierung des Gleichgewichtsorgans im Innenohr).

5.

Klingendes Spielzeug

- Knoten Sie Glöckchen an Stofftiere und Spielzeugautos, Luftballons oder Wasserbälle.
- Besorgen Sie einen Glocken-Ball (Kiga-Bedarf).
- Füllen Sie leere Plastikflaschen mit Glöckchen, Erbsen o. ä. (man kann sie schütteln, drehen oder hinter sich herziehen)
- Knoten Sie klingende Gegenstände (Schlüssel u. ä.) an eine Schnur und hängen Sie diese in Kinderhöhe im Raum auf. Wer möchte mit Löffeln nach den Gegenständen schlagen?

Glöckchen-Handschuh

Alter/Entwicklungsstand: ab 1 Jahr
Mitspieler: Kleingruppe
Material: 1 Fingerhandschuh (Erwachsenengröße), mindestens 5 Glöckchen/Schellen
Ort/Raum: Gruppenraum (Krippenbereich, Kuschelecke)
Spielanleitung: Nähen Sie an jeden Finger des Handschuhs 1 Glöckchen. Ziehen Sie den Handschuh an. Bewegen Sie nun die Hand vor den Kindern auf und nieder, hin und her. Lauschen die Kinder dem Klingeln? Wer möchte den Handschuh fangen?
Groß und Klein zusammen: Nähen Sie Glöckchen an einen Kinderhandschuh. Nun kann ein großes Kind den Handschuh anziehen und die kleinen Kinder damit zum Hören und Lauschen anregen.
Variation: Begleiten Sie die Handbewegungen mit einem Vers:

Zehn kleine Klingermänner

Zehn kleine Klingelmänner	Bewegen Sie die Klingelfinger
klingeln hin und her	hin und her,
Zehn kleinen Klingelmänner	
fällt das gar nicht schwer.	

Zehn kleine Klingelmänner *klingeln auf und nieder.* *Zehn kleine Klingelmänner* *tun das immer wieder.*	auf und nieder,
Zehn kleine Klingelmänner *klingeln rundherum.* *Zehn kleine Klingelmänner,* *die sind gar nicht dumm.*	und rundherum.
Zehn kleine Klingelmänner *spielen mal Versteck.* *Zehn kleine Klingelmänner* *sind auf einmal weg.*	Verstecken Sie die Finger schließlich hinter Ihrem Rücken.

Überliefert

Die große Uhr

Alter/Entwicklungsstand: ab 2 Jahre
Mitspieler: Klein- oder Großgruppe
Material: eventuell Holzblocktrommel oder hängendes Becken
Ort/Raum: Gruppenraum
Spielanleitung: Die Kinder sitzen im Kreis auf der Erde (Babys können auf dem Schoß der Erzieherinnen mitspielen). Alle schaukeln mit dem Oberkörper hin und her. Dazu wird der folgende Vers gesprochen:

Große Uhren machen	*tick-tack, tick-tack,*	Die Kinder schaukeln erst langsam,
kleine Uhren machen	*tick-tack-tick-tack,*	dann immer schneller.
	tick-tack-tick-tack.	

Und die ganz kleinen Taschenuhren machen
ticketacke – ticketacke – ticketacke – ticketacke.

Überliefert

Variation: Schlagen Sie zu dem „Tick-Tack“ auf eine Holzblocktrommel oder auf ein hängendes Becken.

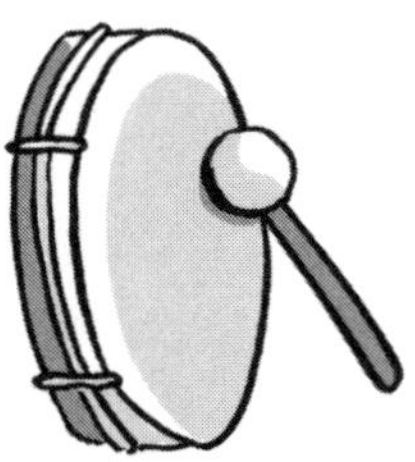

5.

Uhren suchen

Alter/Entwicklungsstand: ab 2 Jahre
Mitspieler: Klein- oder Großgruppe
Material: 1 Spieluhr bzw. 1 Wecker
Ort/Raum: Gruppenraum
Spielanleitung: Die Kinder sitzen im Kreis. Die Erzieherin hält jedem Kind die Spieluhr ans Ohr. Auf diese Weise geht sie einmal im Kreis herum. Dann zieht sie die Uhr erneut auf. Diesmal geht sie in verschiedene Ecken des Raumes (Krippenbereich, Puppenecke, Bauecke) und zum Schluss vor die Tür. Wieder lauschen die Kinder den nahen und entfernten Klängen.
Variation: Spielen Sie das Spiel mit einem laut tickenden Wecker.
Groß und Klein zusammen: Große Kinder spielen „Weckersuchen". Jeweils ein Kind geht dem lauten Ticken des Weckers nach. Wo wurde er versteckt?

Kleine Kinder spielend beruhigen

Wiegen Sie unruhige, traurige oder müde Kinder auf ihrem Schoß in gleich bleibendem Takt hin und her. Babys können Sie auch auf dem Arm wiegen und schaukeln. Vielleicht ziehen Sie dazu eine Spieluhr mit Wiegenmusik auf. Die Spieluhr kann übrigens zu einem Ritual im Schlafraum werden und aufs Einschlafen vorbereiten.

Piep einmal! Spiele mit der Stimme

Ab etwa 6 Monaten beginnen Kinder damit, Laute zu bilden und spielerisch zu wiederholen (Lallen). Danach entwickelt sich die „Echo-Sprache", d. h. Silben, Laute, Wörter, Geräusche aus der Umwelt werden nachgeahmt. Ende des 1., Anfang des 2. Lebensjahres entwickeln Kinder artikulierte, sinnvolle Laute mit Benennungsabsicht (z. B. „tut-tut" für Auto).
Kleinkinder haben Spaß daran, ihre Stimme zu erproben, dabei Gefühle auszudrücken und mit der Umwelt über Sprache zu kommunizieren.

Kazoo

Alter/Entwicklungsstand: ab 2 Jahre
Mitspieler: 3–6 Kinder
Material: Papppröhren (Küchenrolle, Geschenkpapierrolle o. ä.), Schere, Transparentpapier oder Butterbrotpapier, Klebstoff
Ort/Raum: Gruppenraum
Spielanleitung: Schneiden Sie mehrere kleine Fenster in Papprollen und bekleben Sie die Fenster anschließend mit Transparentpapier. Wer möchte in die Röhre hineinrufen oder -schreien?
Man kann auch hineinsingen. Durch die erzeugten Töne vibriert das Papier. Ein einfaches Instrument ist entstanden.

Stimmen-Telefon

Alter/Entwicklungsstand: ab 2,5 Jahre
Mitspieler: 1–2 Kinder
Material: Plastikschlauch (ca. 1 m lang), Trichter
Spielanleitung: Stecken Sie den Trichter in den Plastikschlauch. Das Kind hält sich den Trichter ans Ohr und spricht in das andere Ende des Schlauches hinein. So kann das Kind mit sich selbst telefonieren und dabei die eigene Stimme ungewöhnlich laut hören.
Variation: 2 Kinder können miteinander telefonieren, indem sich ein Kind den Trichter ans Ohr hält und das andere etwas in den Schlauch hinein sagt oder hinein ruft.

Tierstimmen-Memory

Alter/ Entwicklungsstand: ab 3 Jahre
Mitspieler: 1–3 Kinder
Material: 6–8 Bierdeckel, Tierfotos (z. B. von Hund, Katze, Kuh, Ente, Frosch etc.) aus Katalogen
Ort/Raum: Gruppenraum
Spielanleitung: Kleben Sie auf jeden Bierdeckel das Foto eines bekannten Tieres. Drehen Sie die Deckel um und lassen Sie anschließend einen Deckel nach dem anderen umdrehen. Zu jeder Tier-Abbildung soll das passende Geräusch gemacht werden („Wau-wau“, „miau“, „muh“ etc.).

5.

Krachorchester

Kleinkinder klopfen gern auf Tischplatten, schlagen Bausteine gegeneinander, werfen Gegenstände wiederholt geräuschvoll zu Boden oder durch den Raum, klopfen mit Löffeln auf Teller, benutzen Keksdosen und Töpfe wie Trommeln. Was für die Erwachsenen mitunter eine kleine Nerven-Zerreißprobe bedeutet, ist für die Kleinen eine Mischung aus Funktionsspiel und „Musik-Machen".

Jetzt wird getrommelt

Alter/Entwicklungsstand: ab 2 Jahre
Mitspieler: 2–4 Kinder oder Kleingruppe
Material: Dosen von Kindernahrung, große Kaffeedosen, leere Waschpulverkisten – dazu: fertige Schlegel oder ersatzweise Klanghölzer bzw. dicke Holzstäbe
Ort/Raum: Gruppenraum, Bewegungsraum, Freigelände
Spielanleitung: Geben Sie den Kindern die „Trommeln" zum freien Spiel. Eventuell zeigen Sie ihnen, wie man darauf klopfen, schlagen oder trommeln kann.
Variation: Sagen Sie einen Spruch dazu, z. B.:

Bimmel, bammel, bommel,	Die Kinder schlagen
die Katze schlägt die Trommel.	auf ihre Trommeln.
Und die kleinen Mäuse	Dann lassen sie die Finger wie
tanzen in der Reih'.	Mäuse über die Trommeln laufen.
Und die ganze Erde	Beim „Donner" schlagen alle ganz
donnert schon dabei.	laut und kräftig.

Wir sind die Musikanten

Alter/Entwicklungsstand: ab 2 Jahre
Mitspieler: Klein- oder Großgruppe
Material: Kaffeedosen, Plastikschläuche, Pappröhren, Trichter, Klangstäbe, Joghurtbecher/Plastikflaschen (gefüllt mit Reis, Erbsen …), Glocken, Schellenbänder, Handtrommeln, große Bausteine, …
Ort/Raum: Gruppenraum, Bewegungsraum
Hinweise: Bei der Verteilung der Instrumente die kindlichen Wünsche berücksichtigen.

Spielanleitung: Jedes Kind bekommt ein „Instrument". Zunächst heißt es: ausprobieren. Es darf nach Herzenslust geklopft, geblasen, geschüttelt, geklingelt werden.
Groß und Klein zusammen: Ein großes Kind spielt „Dirigent". Es hebt den „Taktstock" und das Spiel beginnt. Senkt es den „Taktstock" wieder, sollte es mucksmäuschenstill werden. Mal sehen, ob das klappt!

Bewegungsklänge

Kleine Kinder mögen es, mit dem ganzen Körper auf Töne und Klänge zu reagieren. Oftmals wippen, schaukeln, tanzen oder laufen sie im Rhythmus einer Musik. Rhythmische Bewegungsspiele sind ein Brückenschlag zwischen Gehör- und Bewegungssinn.

Mäuse unterwegs

Alter/Entwicklungsstand: ab 2,5 Jahre
Mitspieler: Klein- oder Großgruppe
Material: Xylophon oder Glockenspiel, Schlegel
Ort/Raum: Gruppenraum, Bewegungsraum
Spielanleitung: Erzeugen sie auf einem Glockenspiel/Xylophon einen „Bewegungsklang", indem sie einen Schlegel in raschem Wechsel hin und her bewegen. Gehen Sie auf diese Weise die Töne auf- und abwärts. Die Kinder spielen dazu „Mäuse". Sie krabbeln auf allen vieren über den Boden oder laufen schnell umher.
Plötzlich verstummt der „Bewegungsklang". Die „Mäuse" laufen schnell ins Haus (Bauecke, Krippenbereich …). Wenn der „Bewegungsklang" erneut ertönt, kommen die Mäuse wieder heraus und setzen ihre Bewegung fort.

Die Elefantenherde

Alter/Entwicklungsstand: ab 2,5 Jahre
Mitspieler: Klein- oder Großgruppe
Material: 1 Handtrommel
Ort/Raum: Bewegungsraum
Spielanleitung: Die Kinder gehen im Kreis herum oder laufen kreuz und quer durch den Raum. Die Erzieherin schlägt dazu rhythmisch auf einer Handtrommel. Die Kinder

sollen beim Gehen laut und kräftig aufstampfen (wie dicke Elefanten). Dann beginnt die Erzieherin, schneller zu trommeln. Schließlich läuft sie mit der Trommel und alle Kinder laufen mit. Zum Schluss schlägt sie einmal kräftig auf die Handtrommel. Jetzt heißt es für die Elefanten: „Schlafen legen". Die ganze Herde streckt sich auf dem Boden aus – bis das Spiel von vorne beginnt.

Variation: Je nach Vorstellungsvermögen und Bewegungsentwicklung der Kinder können auch andere Tiere durch den Raum gehen, z. B. Hunde oder Katzen.

Jetzt wird es leise: Lausch- und Flüsterspiele

Flüstertöne, leise Geräusche und langsam verklingende Töne fördern die Aufmerksamkeit der Kinder und können gleichzeitig auch beruhigend und ausgleichend wirken.

Stille, stille

Alter/Entwicklungsstand: ab 1,5 Jahre
Mitspieler: Klein- oder Großgruppe
Ort/Raum: Gruppenraum, Ruheraum
Hinweise: Setzen Sie den Vers ein, wenn die Kinder sehr laut und unkonzentriert wirken. Sie können ihn auch als Einschlafhilfe im Schlafraum benutzen.
Spielanleitung: Singen oder sprechen Sie den nachfolgenden Vers mehrmals hintereinander. Sprechen Sie bei jeder Wiederholung leiser und leiser, bis Ihre Stimme kaum noch hörbar ist.

Stille, stille,
kein Geräusch gemacht!
Darum seid nur alle still,
weil der Peter ruhen will.
Stille, stille,
kein Geräusch gemacht.
Überliefert

Der Wasserhahn

Alter/Entwicklungsstand: ab 2 Jahre
Mitspieler: Klein- oder Großgruppe
Ort/Raum: Gruppenraum, Ruheraum
Hinweise: Das Spiel fördert Zuhören und Lauschen und kann gut zur Konzentrationsförderung und zur Beruhigung eingesetzt werden.
Spielanleitung:

Tropf, tropf, Wasserhahn,
ich höre dir jetzt zu.
Tropf, tropf, Wasserhahn,
jetzt hab ich endlich Ruh.
Tropf, tropf, Wasserhahn,
du singst mir jetzt ein Lied.
Tropf, tropf, Wasserhahn,
jetzt werd' ich still und müd'.
Autorin

Sprechen Sie den Vers und trommeln Sie dazu leise mit den Fingerspitzen auf einem Stuhl, einem Tisch oder auf dem Fußboden.

Klang-Rituale

Benutzen Sie den Klang im Tagesablauf, um Aufmerksamkeit zu erzeugen und ein bestimmtes Ereignis anzukündigen (z. B. Gong vor dem Frühstück oder Mittagessen, Klatschen und Singen vor dem Aufräumen, Spieluhr vor dem Mittagsschlaf). Rituale geben Sicherheit und erleichtern den Kleinen die Orientierung.

Verse mit Geräuschen

Schon kleine Kinder lieben kurze Klang-Geschichten und Reime. Durch Klänge wird Sprache veranschaulicht und spannend. Konzentriertes Zuhören fällt dann viel leichter.

Klitzekleines Zwerglein

Alter/Entwicklungsstand: ab 2 Jahre
Mitspieler: Klein- oder Großgruppe
Material: Xylophon (oder Glockenspiel)
Ort/Raum: Gruppenraum
Spielanleitung: Legen Sie unter eine Seite des Xylophons ein dickes Buch o. ä., sodass es schräg zu den Kindern zeigt. Verwandeln Sie Ihren Daumen in einen „Zwerg", indem Sie ihm z. B. ein Gesicht aufmalen (eventuell kleine Mütze aus Stoff oder Papier aufsetzen).

Klitzekleines Zwerglein,
steigt mal auf
ein Berglein.
Klopft an,
rutscht aus,
läuft ganz schnell nach Haus.
Überliefert

Gehen Sie mit dem Zwerg das Xylophon hinauf. Die andere Hand spielt die Tonleiter aufwärts dazu (mit Schlegel).
Oben angekommen klopfen Sie laut mit dem Schlegel, rutschen dann die Tonleiter wieder abwärts und laufen mit Zwerg und Schlegel über den Tisch nach Hause.

Variation: Nun spielen die Kinder selber mit, indem sie ihren eigenen Daumen auf den Kopf steigen lassen, anklopfen, ausrutschen und mit den Fingern über den Boden nach Hause laufen.

Wer ist das?

Alter/Entwicklungsstand: ab 2 Jahre
Mitspieler: Klein- oder Großgruppe
Material: 1 Handtrommel (ersatzweise kann auch auf der Tischplatte gespielt werden)
Ort/Raum: Gruppenraum

Spielanleitung:

Ei, wer kommt denn jetzt daher?
Ist das nicht ein brauner Bär?
Oder gar ein Elefant?
Der aus dem Dschungel kommt gerannt?

Trommeln Sie laut und langsam mit den Händen auf der Handtrommel.

Nein, es ist ein kleines Mäuschen
und es sucht ein kleines Häuschen.
Ei, wo ist es, sag es doch!
Hier ist das kleine Mauseloch.

Lassen Sie die Finger schnell wie ein Mäuschen über die Trommel flitzen und schließlich in einem Mauseloch (hinter dem Rücken) verschwinden.

Variation: Die Kinder spielen mit, indem Sie mit ihren Händen auf dem Boden oder auf einer Tischplatte trommeln.
Sie können das „Mauseloch" übrigens auch mit einem Tuch darstellen, unter dem die Hände nach dem Spiel verschwinden.

6.

Wie riecht das? Schnüffelnasen unterwegs

Manche Düfte wecken angenehme oder unangenehme Erinnerungen. Sie können anregend oder beruhigend wirken und darüber hinaus Konzentrationsvermögen, Vorstellungskraft und Gedächtnis fördern. Geruchswahrnehmungen wirken auf das Gefühlsleben, da zwischen den Riechbahnen und dem Limbischen System im Gehirn (es bewertet die Geruchswahrnehmungen emotional) eine enge Verbindung besteht.

Kräuter für die Sinne

Wählen Sie Duft-Kräuter aus und züchten Sie diese in einem Beet oder Mini-Kräutergarten. Damit Riechen und Schmecken gleichermaßen angesprochen werden, können Sie beim Kinderfrühstück oder Mittagessen einige Blättchen ernten, probieren lassen bzw. auf Speisen geben.

Duft-Kräuter-Garten

Alter/Entwicklungsstand: ab 2,5 Jahre
Mitspieler: 1 Kind und mehr
Material: vorgezogene Kräuter aus der Gärtnerei (z. B. Thymian, Rosmarin, Zitronenmelisse, Kamille, Basilikum, Oregano, Salbei), Obstkiste, Pflanzerde, Alufolie (Sprühflasche mit Wasser)
Ort/Raum: Gruppenraum
Spielanleitung: Legen Sie eine Obstkiste mit Alufolie aus, füllen Sie Pflanzerde ein und pflanzen Sie verschiedene Kräuter hinein. Schon ist der Kräutergarten entstanden. Die Kinder dürfen den Garten ab und zu mit Wasser einsprühen.
Stellen Sie den Garten auf die Fensterbank. Lassen Sie die Kinder hin und wieder an den Kräutern schnuppern.
Variation: Pflanzen Sie die Kräuter einzeln in je einen Blumentopf.
Groß und Klein zusammen: Die Großen malen auf jeden Topf ein Gesicht. Die Kräuter sind dann lustige „Haare".

Wie kommt der Duft in die Dose?

Bitte schnuppern! Riecht das gut? Kleinkinder sollen zunächst einmal einen Duft ganz bewusst wahrnehmen. Erst im Kindergartenalter sind sie dann wirklich in der Lage, unterschiedliche Düfte zuzuordnen und zu benennen. Riechdosen sind ein erster Schritt, kleine Kinder spielerisch in die Welt der Düfte zu begleiten.

Riechdosen

Alter/Entwicklungsstand: ab 2,5 Jahre
Mitspieler: 1–3 Kinder
Material: leere Gläser von Babynahrung (ersatzweise Filmdosen), duftende Lebensmittel u. a. Materialien (z. B. kleines Obststückchen, Obstbrei, Stück Käse, Tee, getrocknetes Garten-Kraut, getrocknetes Obst)
Ort/Raum: Gruppenraum
Hinweise: Bei Kleinkindern kommt es zunächst nicht darauf an, dass die Gerüche benannt bzw. erraten werden. Lassen Sie die Kleinen einfach mal schnuppern!
Spielanleitung: Füllen Sie Gläser von Babynahrung mit einem duftenden Lebensmittel.
Lassen Sie die Kinder an 1–2 Gläsern riechen und verschließen Sie die Gläser anschließend wieder. Später können Sie bei Riech-Versuchen die Anzahl der Gläser erhöhen.
Groß und Klein zusammen: Für Kindergartenkinder erweitern Sie das Spiel, indem Sie die Kinder bei geschlossenen Augen Düfte schnuppern und benennen lassen. Vielleicht gibt es auch ein Riech-Memory. Jedes Duftglas ist zweimal vorhanden. Wer kann Duft-Paare herausfinden?

Riechpausen sind wichtig!

Lassen Sie Kinder immer nur kurz schnuppern. Machen Sie Pausen zwischen verschiedenen Riechversuchen. Duftmolekühle bleiben noch eine Weile auf der Nasenschleimhaut!
Achten Sie darauf, dass Sie Kleinkinder bevorzugt an genießbaren Dingen schnuppern lassen!!!

Duftsäckchen, Riechfiguren und mehr

Dieser Stern riecht nach Zimt. Das Herz dort nach Zitrone. Figuren aus Teig lassen sich mit Saft, Tee oder Gewürz in ein duftendes Gebilde verwandeln. Und Duftsäckchen riechen nicht nur gut. Man kann sie auch zum Spielen verwenden.

Kleine Säckchen für die Nase

Alter/Entwicklungsstand: ab 2,5 Jahre
Mitspieler: 1–3 Kinder
Material: Baumwollstoff, Geschenkband, (eventuell dicke Nadel und Nähgarn), Schere, Material zum Füllen (Gewürznelken, Orangenschale, Zimt, Lavendel, Zitronenmelisse, Rosmarin, Salbei, …).
Ort/Raum: Gruppenraum
Spielanleitung: Schneiden Sie aus Stoff ca. 4–6 Rechtecke aus. Falten Sie jedes Rechteck einmal in der Mitte. Nähen Sie jedes Rechtecke an zwei Seiten zu. Füllen Sie ein Duft-Material hinein und schließen Sie das Säckchen, indem Sie es oben mit Geschenkband fest zuknoten bzw. vernähen.
Nun können die Kinder an den Säckchen schnuppern.
Variation: So verbinden Sie Riech-Spaß und Bewegung: Lassen Sie die Kinder die Säckchen auf der Handfläche balancieren, mit den Füßen greifen oder (ältere Kinder) auf dem Kopf balancieren.

Schnupper-Mandarine

Alter/Entwicklungsstand: ab 2 Jahre
Mitspieler: 1–3 Kinder
Material: 1–3 Mandarinen, Gewürznelken
Ort/Raum: Gruppenraum
Spielanleitung: Spicken Sie eine Mandarine ringsum mit Gewürznelken. Dabei können die Kinder helfen. Lassen Sie die Kinder den herrlich würzigen Duft der Mandarine schnuppern. Platzieren Sie die Mandarine als Dekoration und Duftquelle auf dem Frühstückstisch oder an einem anderen Ort.

Spielaktionen für Schnüffelnasen

Ob riechende Bäume oder duftende Luftballons – wenn Sie Spielaktionen und Riecherfahrungen zusammenbringen, werden mehrere Sinne gleichzeitig angesprochen (z. B. riechen und bewegen).

Riech-Baum

Alter/Entwicklungsstand: ab 2,5 Jahre
Mitspieler: 1–3 Kinder
Material: Zweig eines Baumes, dazu: verschiedene Teebeutel, z. B.: Apfel, Hagebutte, Kamille, Pfefferminz, Zitronengras, Salbei, Fenchel
Ort/Raum: Gruppenraum, Halle oder Freigelände
Spielanleitung: Hängen Sie den Zweig an die Decke oder stecken Sie ihn in einen Eimer mit Sand. Hängen Sie nun unterschiedlich duftende Teebeutel in die Zweige des Baumes. Stellen Sie mehrere Stühle um bzw. unter den Baum. Lassen Sie die Kinder auf Stühle steigen, um an den Baum zu gelangen. So verbinden Sie Riech- und Kletterspaß. Die Kinder sollen jeden Teebeutel mit der Nase berühren und schnuppern. Welcher Duft gefällt am besten?
Variation: Hängen sie statt der Teebeutel Duftsäckchen in den Baum.

Duftende Ballons

Alter/Entwicklungsstand: ab 3 Jahre
Mitspieler: Klein- oder Großgruppe
Material: 1–3 Luftballons, stark riechende Substanzen zum Füllen (z. B. Zitronensaft, Vanille, Lavendel, Knoblauch, Zimt …)
Ort/Raum: Gruppenraum, Bewegungsraum
Spielanleitung: Füllen Sie einen Luftballon mit einer der oben angegebenen Substanzen. Anschließend pusten Sie ihn auf und verknoten ihn fest. Der Luftballon riecht tatsächlich nach seinem Inhalt, da die Geruchsstoffe durch die Gummimoleküle nach außen dringen. Geben Sie nun den duftenden Ballon im Kreis herum. Jedes Kind darf ihn an die Nase halten und schnuppern.
Hinweise: Beobachten Sie Kleinkinder im Umgang mit Ballons stets aufmerksam!
Groß und Klein zusammen: Ältere Kinder können vielleicht sagen, wonach die Ballons riechen.
Variation: Beenden Sie den Riechspaß mit einem Luftballon-Bewegungsspiel. Der Ballon wird jetzt von Kind zu Kind gestupst.

Kleine Verse rund ums Riechen

Riechversuche machen noch mehr Spaß, wenn sie mit Reimen begleitet werden.

Der kleine Igel

Alter/Entwicklungsstand: ab 2 Jahre
Mitspieler: Klein- oder Großgruppe
Material: eventuell 1 Apfel
Ort/Raum: Gruppenraum
Spielanleitung: Bei diesem Spiel deuten Sie den Apfel entweder nur mit den Händen an oder Sie zeigen den Kindern einen realen Apfel, an dem Sie schnuppern dürfen.

Da kommt der Igel Schnüffelnase	Mit Fingern über den Tisch laufen.
mit seiner feinen, feinen Nase.	Auf die Nase tippen.

Wie wär's mit einem Apfel kugelrund?	Mit den Händen Apfel zeigen
Der duftet schön und ist gesund.	Apfel an Nase halten.
Oh wie lecker, denkt Schnüffelnase.	
Er riecht den Duft mit seiner Nase.	Riechen/schnuppern andeuten.
(hhhhhhh – hhhhhh)	
Dann macht er „happs"	Mit den Zähnen zuschnappen
und schmatzt dazu (mmmm mmmm)	schmatzen
und legt sich still zur Ruh.	und schlafen andeuten.

Autorin

Variation: Nach dem Spiel wird der Apfel aufgeschnitten und an die Kinder verteilt.

Der kleine Schmetterling

Alter/Entwicklungsstand: ab 2 ,5 Jahre
Mitspieler: Klein- oder Großgruppe
Material: eventuell Blume oder Blüte
Ort/Raum: Gruppenraum
Spielanleitung: Sie können zu dem Spiel auch eine reale Blume in einer Vase in die Mitte stellen und die Kinder daran riechen lassen. Andernfalls bilden Sie die Blüte mit den Händen.

Riech einmal, was kann das sein?	Laut schnuppern.
Eine Blume schlank und fein.	Mit den Händen
Die duftet und duftet.	eine Blüte bilden
Da fliegt ein bunter Schmetterling,	Mit der anderen Hand einen
entdeckt das kleine Blumending,	Schmetterling andeuten.
das duftet und duftet.	Bei „duften" laut schnuppern.
Lässt sich auf der Blume nieder,	Der Schmetterling landet auf
genießt ganz stille immer wieder,	der Blüte.
wie's duftet und duftet.	Bei „duften" laut schnuppern.

Ruht sich bis zum Abend aus,
macht „Hatschiiiiii" — Laut „hatschiii" machen und
und fliegt nach Haus. — „nach Hause fliegen" andeuten.

Autorin

Variation: Basteln Sie aus einem Papiertaschentuch eine Blüte. Geben sie einen Tropfen Parfüm darauf und lassen Sie die Kinder schnuppern.
Groß und klein zusammen: Für ältere (Kindergarten-)Kinder basteln Sie mehrere Blüten und geben unterschiedliche Parfüm-Proben darauf.

Riechspaß zu jeder Jahreszeit

- Lassen Sie den Raum duften (Tanne oder Orangeschale auf die Heizung legen).
- Lassen Sie die Kinder draußen mal bei geschlossenen Augen schnuppern (wie riechen Tannenzapfen, Wiesenblumen, Früchte).
- Benutzen Sie hin und wieder Duftkerzen.
- Lassen Sie die Kinder beim Frühstück an Lebensmitteln riechen.
- Achtung! Verwenden Sie keine ätherischen Öle in Reichweite von Kleinkindern!
- Beachten Sie bei allen Düften Vorlieben/Abneigungen bzw. mögliche Allergien der Kinder!

Salzig oder süß? Schmecken und genießen

Nach der Geburt bevorzugen Babys zunächst süße Nahrung (Muttermilch schmeckt süß). Wenige Monate später können sie schon verschiedene Geschmacksrichtungen unterscheiden. Allerdings ist süß weiterhin beliebter als salzig oder sauer, bitter wird aktiv gemieden.
Da spätere Essgewohnheiten meist im Alter von 2–3 Jahren angeeignet werden, kommt der Ernährungs- und Geschmackserziehung in der Krippe eine ganz besondere Bedeutung zu.

Schmeckspiele für Kochmützen

Kleine Kinder zeigen meist früh Interesse für Tätigkeiten in Haushalt und Küche. Da heißt es: helfen wie die Großen. Vielleicht möchten sie bei der Zubereitung einer Quarkspeise, eines Joghurts oder Griesbreis helfen, Zutaten hinein geben, umrühren, Kostproben auf Teller füllen.

Süße Früchtchen

Alter/Entwicklungsstand: ab 1,5 Jahre
Mitspieler: Kleingruppe
Material: Äpfel, Bananen, Pfirsiche, Birnen, Apfelsinen, Pürierstab, Schüssel(n), leere Gläschen von Kindernahrung
Ort/Raum: Gruppenraum oder Kinderküche
Spielanleitung: Pürieren Sie jede Obstsorte gesondert und geben Sie das Mus jeweils in ein Gläschen. Reichen Sie den Kindern Eierlöffel und lassen Sie jede Mus-Sorte kosten.
Variation: Geben Sie jede Mus-Sorte in einen kleinen Becher Naturjoghurt (verrühren). Stellen Sie verschiedene Becher nebeneinander auf, und lassen Sie die Kinder probieren.
Groß und Klein zusammen: Für größere Kinder schneiden Sie Bilder von Apfel, Banane, Pfirsich, … aus Prospekten aus. Wer kann das passende Bild zum passenden Obstgläschen stellen?

7.

Babybrei-Buffet

Alter/Entwicklungsstand: ab 1,5 Jahre
Mitspieler: Kleingruppe
Material: Griesbrei o. a Brei (möglichst vollwertig), Kochtopf, Schneebesen, Milch oder Wasser, ... verschiedene Zugaben: z. B.: Kakao, Müsli, Obstmus, Obststückchen, Obstsaft (z. B. von Apfel, Kirsche, Banane, Pfirsich ...), zerbröselte Plätzchen, ... dazu: 6–8 große Schüsseln, 6–8 große Löffel, viele kleine Eierlöffel, kleine Teller oder Becher
Ort/Raum: Gruppenraum, Kinderküche
Spielanleitung: Kochen Sie Babybrei nach Packungshinweis und verteilen Sie ihn auf 6–8 verschiedene Schüsseln. Stellen Sie die Schüsseln in einer Reihe nebeneinander auf. Die Kinder geben in jede Schüssel einen anderen Zusatz, z. B.: Kakao, Müsli, Obstmus. Stellen Sie in jede Brei-Schüssel einen großen Löffel. Nun heißt es: probieren. Für jede Brei-Probe einen Extra-Teller oder Becher nehmen!
Variation: Stellen Sie vor jede Breischüssel das Lebensmittel, das verwendet wurde (z. B. Apfel, Banane, Müslipackung, ...).

1, 2, 3 ... Kartoffelbrei

Alter/Entwicklungsstand: ab 1,5 Jahre
Mitspieler: Kleingruppe
Material: Kartoffelbrei (selbst kochen oder aus der Packung), Kochtopf, Schneebesen, Milch, ... Gemüsepüree aus gekauften Baby-Gläschen oder selbst gekocht (Pürierstab). Wählen Sie z. B. Möhren, Brokkoli, Blumenkohl, Kohlrabi, Fenchel, Tomate, Spinat oder „Leipziger Allerlei" (Erbsen, Mais, Möhren, ...) – dazu: Löffel, Teller
Ort/Raum: Gruppenraum, Kinderküche
Spielanleitung: Kochen Sie Kartoffelbrei, verteilen den Brei in Schüsseln und geben in jede Schüssel einen anderen Zusatz (Püree von Möhren, Tomaten ...).
Stellen Sie die Schüsseln zu einem „Buffet" auf. Jetzt darf sich jedes Kind eine Probe nehmen. Vielleicht dekorieren Sie den Brei entsprechend des Inhalts (z. B. Tomatenstück auf den Tomatenbrei)
Variation: Kochen Sie für alle Würstchen dazu.

Abenteuer im Land des Schmeckens

- Bieten Sie den Kindern neben „süß" auch andere Geschmacks-Richtungen bzw. unbekannte/ ungewohnte Lebensmittel an.
- Gemüsemuffel lassen sich oft durch süß schmeckendes Gemüse (Möhren, Zuckererbsen, Gemüsemais) überzeugen.
- Wie wäre es mit einem „gemischten Frühstück". Jedes Kind bringt etwas mit und alle dürfen etwas von allem probieren.
- Machen Sie mal einen „Müsli-Tag". Schon Kleinkinder können Obst fürs Müsli schneiden (z. B. Banane).
- Feiern Sie „Spaghetti-Party". In jeden Spaghetti-Topf kommt ein anderer Zusatz (Tomatensauce, geriebener Käse, Sahnesauße, Frucht-Kompott, ...). Unterschiedliche Farben und Geschmacksrichtungen fordern die Sinne heraus!

Nicht nur an heißen Tagen: Durstlöscher

Kinder haben immer Durst. Schade, wenn es in der Gruppe nur einen „Einheits-Tee" gibt. Lassen Sie sich neue Durstlöscher einfallen und präsentieren Sie Vielfalt. Daraus können sich Probier-Spiele entwickeln.

Teebar und Saftladen

Alter/Entwicklungsstand: ab 1,5 Jahre
Mitspieler: Klein- oder Großgruppe
Material: verschiedene nicht aromatisierte Tees (z. B. Apfel, Orange, Fenchel, Hibiskus, Pfefferminz, Zitrone, Himbeere, Vanille) oder nicht gezuckerte Säfte (z. B. Apfel, Kirsche, Orange, Birne, Johannisbeere), dazu: viele Gläser oder Becher
Ort/Raum: Gruppenraum, Kinderküche (im Sommer Freigelände)
Spielanleitung: Bauen Sie einen „Schmeck-Stand" für durstige Kehlen auf. Kochen Sie verschiedene Tees und geben Sie diese in viele Gläser/Becher. Füllen Sie die Gefäße nur bis zu einem Viertel. Stellen Sie die Tees in Gruppen auf. Häufig unterscheiden

sie sich schon von der Farbe her. Die Kinder probieren. Gibt es einen Lieblingstee?
Variation: Statt der Tees können Sie auch Fruchtsäfte wählen (z. T. mit Mineralwasser verdünnen).
Oder Sie geben unterschiedliche Zusätze in Gefäße mit Milch (z. B. einmal Kakao, einmal Sirup, Kirschsaft, Apfelsaft, Bananenpüree).

Augen zu, Mund auf! – Ratespiel für Feinschmecker

Bei geschlossenen Augen Lebensmittel zu erraten und zu benennen, verlangt nicht nur einen differenzierten Geschmack, sondern auch Erinnerungs- und Vorstellungsvermögen sowie sprachliche Fähigkeiten.

Das kenne ich schon

Alter/Entwicklungsstand: ab 3 Jahre
Mitspieler: 1–4 Kinder
Material: bekannte Obstsorten (z. B. Apfel, Banane, Apfelsine, ...) bzw. Gemüsesorten (Gurke, Möhre)
Ort/Raum: Gruppenraum (z. B. Frühstückstisch)
Hinweise: Wählen Sie für das Spiel nur Lebensmittel aus, die Ihre Krippenkinder häufig essen. Beobachten sie die Kleinen beim Frühstück.
Spielanleitung: Beginnen Sie zunächst nur mit einem Lebensmittel (z. B. Apfel oder Banane). „Füttern" Sie das Kind mit einem Obststückchen. Nun soll es sagen, ob es das Obst kennt und es benennen. Lassen Sie die Kinder das Ratespiel zunächst bei geöffneten, später bei geschlossenen Augen spielen!
Groß und Klein zusammen: Legen Sie Obst- bzw. Gemüsestückchen ringsum auf einen großen Tortenteller und spielen Sie „Schmeck-Würfeln". Lassen Sie die Kinder reihum mit einem Farb-Würfel würfeln. Immer, wenn „rot" gewürfelt wird, darf das betreffende Kind ein Stückchen Obst/Gemüse kosten.

Verse für Schleckermäulchen

Durch kleine Verse können Sie bestimmte Nahrungsmittel attraktiv machen und die Kinder dazu anregen, mal ein paar Kostproben zu nehmen.

Der Zauberapfel

Alter/Entwicklungsstand: ab 2 Jahre
Mitspieler: Kleingruppe
Material: 1 dicker Apfel, 1 Tuch , 1 Obstmesser
Ort/Raum: Gruppenraum (z. B. Frühstückstisch)
Spielanleitung: Lassen Sie den Apfel unter dem Tuch verschwinden und legen Sie beides mitten auf den Tisch.

Der Zipfel,
der Zapfel!
Der Kipfel,
der Kapfel,
schaut her,

Bewegen Sie Ihre Hand über dem Tuch, und sprechen Sie den Vers wie einen geheimnisvollen Zauberspruch.

das ist mein Zauber-Apfel.

Ziehen Sie das Tuch weg, sodass der Apfel sichtbar wird.

Ich klopfe an,
ich schließe auf,
schon bin ich
in dem Apfelhaus.

Klopfen Sie an dem Apfel an, teilen Sie ihn mit dem Messer und zeigen Sie den Kindern die beiden Hälften.

Dort wohnt
Familie Apfelkern,
die mögen viele Kinder gern.

Weisen Sie auf Kerne und Kerngehäuse.

Eins, zwei, drei,
vier, fünf, sechs, sieben,
wo sind die Kerne
denn geblieben?

Teilen Sie den Apfel zu dem Spruch weiter auf, und schneiden Sie blitzschnell die Kerne heraus.

Probiert einmal den
Zipfel, den Zapfel,.
den Kipfel, den Kapfel,
den Zauberapfel.

Geben Sie jedem Kind ein Apfelstück zum Probieren.

Autorin

Falls nicht alle ein Stück bekommen haben, wiederholen Sie das Ganze.

8.

Alles im Lot? Gleichgewicht halten

Der Gleichgewichtssinn ist der „Dirigent im Konzert der Sinne". Bei ihm läuft alles zusammen. Er regt sinnliche Wahrnehmungen an, reguliert und integriert sie. Wird der Gleichgewichtssinn bzw. der Bewegungssinn stimuliert, so fördert dies die Verknüpfung der Nervenzellen im Gehirn und damit die Gehirnentwicklung und das Lernvermögen. Gleichgewichtsspiele machen auch „gute Gefühle", da zwischen dem Gleichgewichtssinn und dem limbischen System (Gefühlszentrum) Nervenverbindungen bestehen.
Bewegungsspiele und weitere Gleichgewichtsspiele finden Sie ausführlich in dem Band „Bewegungsförderung für Kleinkinder" in dieser Buchreihe!

Wiege, wiege: Schaukelspiele

Schaukeln beruhigt und macht klug. Ob Wiege, Kinderwagen, Gartenschaukel oder Hängematte. Babys und Kleinkinder lieben schaukelnde Bewegungen, die spielerisch beruhigen und den Gleichgewichtssinn entfalten helfen.

Schiffschaukel

Alter/Entwicklungsstand: ab 1,5 Jahre
Mitspieler: jeweils 1 Klein-Kind (2 Erwachsene bzw. große Kinder)
Material: 1 weiche Bodenmatte
Ort/Raum: Gruppenraum, Bewegungsraum, Freigelände
Spielanleitung: Fassen Sie das Kind unterhalb der Arme und falten Sie Ihre Hände vor der Brust des Kindes. Eine weitere Erzieherin bzw. ein älteres Kind fasst die Beine des Kindes.

Schiffschaukel, Schiffschaukel,
wir fliegen übers Haus.

Schaukeln Sie das kleine Kind nun in der Luft hin und her. Sprechen Sie den Spruch dazu.

Schiff-Schaukel, Schiff-Schaukel,
wir wollen hoch hinaus.

Schiff-Schaukel, Schiff-Schaukel,
wir fliegen übers Land,

Schiff-Schaukel- Schiff-Schaukel,
wir reichen uns die Hand.

Schiffschaukel, Schiffschaukel,
wir fliegen über Berge.

Schiffschaukel, Schiff-Schaukel,
wir treffen sieben Zwerge.

Schiff-Schaukel, Schiff-Schaukel,
wir landen jetzt im Gras.

Zum Schluss lassen Sie das Kind auf die Matte fallen

Schiff-Schaukel, Schiff-Schaukel,
macht allen Kindern Spaß.

bzw. legen es dort ab.

Autorin

Variation: Schaukeln Sie das Kind liegend in einem Bettlaken, in einem Wäschekorb oder in einer Hängematte. Auch in einem Krabbeltunnel, in einer biegsamen Matte (zu einer Röhre zusammen binden) oder in einem nagelneuen Regenfass kann geschaukelt werden. Oder Sie lassen das Kind bäuchlings über einem Ball schaukeln (Petziball, Wasserball).

Körperschaukel

Alter/Entwicklungsstand: ab 6 Monate
Mitspieler: 1 Kind
Ort/Raum: Gruppenraum, Bewegungsraum, Freigelände
Spielanleitung: Kleine Kinder schaukeln gern am Körper des Erwachsenen. Hier einige Möglichkeiten:

- Fassen Sie das Kind unter den Armen und falten Sie Ihre Hände vor der Brust des Kindes. Beugen Sie sich vor und schwingen Sie das Kind nun hin und her.
- Lassen Sie das Kind auf ihren gefalteten Händen und Unterarmen sitzen (es lehnt sich mit seinem Rücken an Ihren Körper). Schwingen Sie es vor ihrem Körper.

- Legen Sie das Kind mit der Brust auf Ihren Unterarm, wobei Ihre Hand den Arm des Kindes umfasst. Ihre andere Hand fasst zwischen den Beinen des Kindes durch und hält seinen Bauch. Lassen Sie das Kind vor Ihrem Körper auf und ab, vor und zurück schweben.
- Legen Sie sich mit dem Rücken auf den Boden. Beugen Sie die Beine an. Heben Sie die Unterschenkel und legen Sie das Kind darauf. Halten Sie das Kind fest und schaukeln Sie selbst dabei hin und her..

Hinweise: Körperschaukeln ist für die Allerkleinsten geeignet, besonders, wenn sie Trost und Nähe brauchen.

Der Bettlaken-Zug

Alter/Entwicklungsstand: ab 1,5 Jahre
Mitspieler: 1 Kind (1 Erwachsener bzw. größere Kinder)
Material: 1 Bettlaken oder 1 Decke, 1 weiche Matte
Ort/Raum: Bewegungsraum, Flur
Spielanleitung: Legen Sie eine weiche Matte auf ein Bettlaken oder auf eine Decke. Das Kind legt oder setzt sich auf die Matte und wird von der Erzieherin mit Hilfe des Lakens durch den Raum gezogen.
Hinweise: Sie können das Bettlaken auch an der Matte festknoten.
Groß und Klein zusammen: Große Kinder spielen die „Lokomotive". Sie ziehen den „Anhänger" mit dem kleinen Kind.

Schaukelstuhl & Co.

Alter/Entwicklungsstand: ab 6 Monate
Mitspieler: 1 Kind
Material: Schaukelstuhl (oder Schaukelhocker, Drehstuhl bzw. großer Petziball)
Ort/Raum: Gruppenraum
Spielanleitung: Setzen Sie sich mit einem Kind, das Trost und Beruhigung benötigt, auf einen Schaukelstuhl (bzw. großen Petziball, Drehstuhl o. ä.). Wiegen Sie sich mit dem Kind auf dem Schoß sanft hin und her. Vielleicht singen Sie zur Beruhigung ein Lied dazu oder sprechen einen kleinen Vers.

Akrobaten unterwegs: Balancier-Spiele

Balancieren bedeutet: Sieg über die Schwerkraft. Lassen Sie die Kinder draußen über Mauern, Baumstämme, dicke Steine o. ä. gehen. Auch in Gruppenraum oder im Bewegungsraum gibt es jede Menge Möglichkeiten, den Gleichgewichtssinn durch Balancierspiele zu üben.

Schlangenbeschwörung

Alter/Entwicklungsstand: ab 2,5 Jahre
Mitspieler: Klein- oder Großgruppe
Material: Straßenkreide (zusätzlich langes Tau, „Zauberschnur" oder viele einzelne Seilchen)
Ort/Raum: Bewegungsraum, Flur, Freigelände
Spielanleitung: Zeichnen Sie mit Kreide eine lange Schlange auf den Boden. Die Schlange sollte aus zwei parallel verlaufenden Linien bestehen. Zwischen den Linien sollen die Kinderfüße ausreichend Platz haben (Abstand etwa: 10–12 cm). Natürlich bekommt die Schlange einen Kopf mit Auge und Zunge und ganz hinten einen dünnen Schwanz. Nun darf ein Kind nach dem anderen die Schlange „ablaufen", indem es vorsichtig einen Fuß vor den anderen setzt.

Die Wunderblume

Alter/Entwicklungsstand: ab 2 Jahre
Mitspieler: 2–4 Kinder
Material: 6–8 Kissen (am besten runde)
Ort/Raum: Gruppenraum, Bewegungsraum, Freigelände
Spielanleitung: Legen Sie aus den Kissen eine Blume. Ein Kissen bildet den Mittelpunkt der Blüte, die anderen Kissen werden als Blütenblätter ringsum auf die Erde gelegt. Nun geht jeweils ein Kind von Blütenblatt zu Blütenblatt und schließlich in die Mitte. Dabei muss das Gleichgewicht ausbalanciert werden.
Variation: Lassen Sie die Kinder durch den Raum gehen/laufen. Auf ein Zeichen hin (Trommelschlag) versucht jedes Kind ein Blütenblatt zu erreichen. Wenn viele Kinder mitspielen, erweitern Sie die Zahl der Kissen.

Balancierstraßen

Alter/Entwicklungsstand: ab 2 bzw. 2,5 Jahre
Mitspieler: Klein- oder Großgruppe
Material: nach Wahl Turnmatten, dicke Bausteine, Wärmflaschen, Luftmatratzen, Holzkisten, Seilchen, Bierdeckel, Teppichfliesen, Deckel von Schuhkartons, Bretter/ Latten, Turnbank, Autoreifen
Ort/Raum: Bewegungsraum, Freigelände
Spielanleitung: Aus folgenden Materialien können sich Spielaktionen entwickeln:
- Legen Sie große, dicke Bausteine auf einer rutschfeste Matte hintereinander.
- Legen Sie mit Wasser gefüllte Wärmflaschen, Luftmatratzen, Luftkissen u. ä. zu einem wackeligen Weg.
- Bauen Sie einen Steg aus vielen Holzkisten.
- Rollen Sie dünne Matten auf. Verzurren Sie die Matten-Rollen an jedem Ende mit einem Seilchen. Legen Sie die Matten-Rollen hintereinander oder nebeneinander. Wer mag darauf klettern, darüber krabbeln oder gehen?
- Bierdeckel, Teppichfliesen, Deckel von Schuhkartons können zu einem Weg hintereinander gelegt werden.
- Bretter und Latten werden zu schmalen Stegen.
- Wer geht über eine Turnbank ohne hinunter zu fallen?
- Wer balanciert über mehrere Autoreifen?

Hinweise: Wenn das aufrechte Balancieren noch nicht klappt, so können sich die Kinder von älteren Kindern helfen lassen bzw. auch über Hindernisse krabbeln.

Kleine Lastenträger

Alter/Entwicklungsstand: ab 2 Jahre
Mitspieler: Klein- oder Großgruppe
Material: Bälle, Sandsäckchen, Tennisringe, Joghurtbecher, Luftballons, … dazu eventuell: Joghurtbecher, Küchensiebe
Ort/Raum: Bewegungsraum, Freigelände
Spielanleitung: Die Kinder sollen Gegenstände von einem Teil des Raumes zum anderen transportieren, ohne etwas fallen zu lassen. Die Gegenstände befinden sich in Kisten oder Schüsseln (Bälle, Tennisringe, …). Markieren Sie den Zielort, an dem die Dinge abgelegt werden sollen (große Kiste, Ziellinie, Gymnastikreifen).

Variation: Lassen Sie die Gegenstände mit Hilfsmitteln transportieren (z. B. kleiner Ball in Joghurtbecher oder Küchensieb).
Groß und Klein zusammen: Ältere Kinder balancieren Gegenstände auf dem Kopf, auf der Handfläche/dem Handrücken und umlaufen verschiedene Hindernisse.

Auf hoher See: Wipp- und Wackelspiele

Gibt die Unterlage nach und/oder wird der Körperschwerpunkt verlagert, wird es so richtig wackelig. Nun sind Anpassungsreaktionen nötig, damit der Körper wieder „ins Lot" kommt.

Alles wackelt

Alter/Entwicklungsstand: ab 2 Jahre
Mitspieler: Klein- oder Großgruppe
Ort/Raum: Gruppenraum, Bewegungsraum
Spielanleitung:

Wackelpeter, Wackelpeter	
wackel rum.	Die Kinder wackeln mit dem ganzen Körper.
Wackelpeter, Wackelpeter	Dann gehen sie in die Hocke oder
fall mal um!	lassen sich zu Boden fallen.
Wackelpeter, Wackelpeter	
steh wieder auf!	Schließlich stehen Sie wieder auf
Wackelpeter, Wackelpeter	
lauf nach Haus!	und laufen durch den Raum.

Groß und klein zusammen: Für ältere Kinder können Sie hinzufügen:

Wackelpeter, Wackelpeter	Nachdem die Kinder „zu Hause"
heb ein Bein	angekommen sind, versuchen sie
Wackelpeter, Wackelpeter	ein Bein zu heben und kurz das
steh allein,	Gleichgewicht zu halten. Dabei
auf einem Bein	breiten sie seitlich die Arme aus.

Autorin

Eine Seefahrt, die ist lustig

Alter/Entwicklungsstand: ab 2,5 Jahre
Mitspieler: 4–10 Kinder
Material: 3 Turnmatten, 1 große Weichbodenmatte (oder mehrere kleine weiche Matten), Tennisbälle, Turnstäbe (eventuell Regen-Rohre o. ä.), 1 Turnbank o. ä.
Ort/Raum: Bewegungsraum
Spielanleitung: Verteilen Sie Matten im Raum. Das sind Boote, die gleich in einen kräftigen Sturm kommen. Damit es so richtig wackelig wird, legen Sie verschiedene Gegenstände unter die Matten. Boot 1 bekommt viele Tennisbälle untergelegt. Boot 2 erhält rollende Gymnastikstäbe. Boot 3 bekommt Regen-Rohre.
Jetzt gibt es noch einen riesigen Ozeandampfer. Dazu wird eine Turnbank o. ä. auf eine Weichbodenmatte gestellt. Die Kinder besteigen nun ihre wackeligen Boote (drüber krabbeln, darauf stehen, gehen oder sitzen).
Groß und klein zusammen: Ältere Kinder schieben die Boote etwas an bzw. bewegen sie hin und her, damit es so richtig wackelig wird.
Variation: Bauen Sie ein großes „Meer". Verteilen Sie Kissen, Matten, Polster, Decken usw. auf dem Boden. Legen Sie mehrere Decken oder ein großes Schwungtuch darüber. Wer möchte mal „schwimmen" (drüber krabbeln/laufen)?

Wackelbrett Marke „Eigenbau"

Alter/Entwicklungsstand: ab 3 Jahre
Material: runde, stabile Holzscheibe (Durchmesser ca. 50 cm), 3 Tennisbälle (eventuell Bohrmaschine mit Lochsäge-Aufsatz), Bleistift, langes Lineal
Ort/Raum: Gruppenraum, Bewegungsraum
Hinweise: Das Wackelbrett besteht aus einer Holzscheibe und 3 Tennisbällen. Lassen Sie sich das Brett und die 3 Löcher für die Bälle vom Tischler sägen. Wer geschickt ist, versucht es selbst.
Spielanleitung:

- Mit Bleistift Mittelpunkt der Holzscheibe markieren.
- Linie durch den Mittelpunkt von Rand zu Rand zeichnen.
- 3 Löcher sägen (Durchmesser 5 cm):
  - Eines in der Mitte,
  - eines rechts (5–6 cm vom Rand) und
  - eines links (5–6 cm vom Rand).

Stecken Sie nun die 3 Tennisbälle in die Löcher, drehen die Platte um und schon kann die Wackelei beginnen: Legen Sie ein breites Kissen auf das Brett. Wer möchte sich mal darauf setzen und wippen? Wer versucht es mal bäuchlings?
Groß und Klein zusammen: Große Kindergartenkinder stellen sich auf das Brett (ohne Kissen) und versuchen, das Gewicht von einem Bein auf das andere zu verlagern. Die Erzieherin kann zunächst mit Festhalten unterstützen.
Variation: Wärmflaschen mit kaltem Wasser füllen und fest verschließen. Darauf kann man sitzen oder knien und vielleicht sogar stehen und wackeln. Auch eine Luftmatratze kann zu einer wackeligen Unterlage werden.
Ein wackeliges Gefühl für den ganzen Körper entsteht, wenn Sie einen Kissenbezug mit aufgeblasenen Luftballons füllen. Wer möchte sich mal darauf legen? (ab 2 Jahre)

Immer munter rundherum: Drehspiele

Dreh- und Schaukelbewegungen regen das Gleichgewichtsorgan im Innenohr an. Die Flüssigkeit in den Bogengängen des Ohres gerät in Bewegung, Sinneshärchen werden stimuliert. Dies wird vom Gehirn als Bewegung wahrgenommen und mit anderen Sinnen (Auge, Ohr, Bewegungssensoren) abgestimmt/koordiniert.

Wie ein Kreisel

Alter/Entwicklungsstand: ab 2 Jahre
Mitspieler: Klein- oder Großgruppe
Material: 1 Plastikflasche
Ort/Raum: Bewegungsraum
Spielanleitung: Drehen Sie die Flasche um ihre eigene Achse. Die Kinder beobachten, wie sie sich im Kreis bewegt. Nun sollen sie die Arme ausbreiten und sich selber um die eigene Achse drehen.
Variation: Die Erzieherin fasst ein Kind unter den Armen und dreht sich mit dem Kind um die eigene Achse.

Reifen-Karussell

Alter/Entwicklungsstand: ab 2 Jahre
Mitspieler: Kleingruppe
Material: 1 Gymnastikreifen (bei der Variation ca. 8–10 Reifen)
Ort/Raum: Bewegungsraum, Halle
Spielanleitung: Die Erzieherin und alle Mitspieler fassen mit einer Hand den Gymnastikreifen an. Auf diese Weise gehen sie im Kreis herum. Nun beschleunigen die Kinder das Tempo. „Klingeling!“, ruft die Erzieherin und das Karussell bleibt stehen.
Variation: Legen Sie viele Reifen nebeneinander auf den Boden, sodass sie einen Kreis bilden. Die Kinder bewegen sich rings herum, indem sie von Reifen zu Reifen gehen oder hüpfen oder außen herum laufen.
Wer stellt sich in einen Reifen und dreht sich um die eigene Achse?

Hüpfen und springen

Hüpfen ist Ausdruck von Wohlbehagen. Umgekehrt wirkt es sich positiv auf Körpergefühl und Stimmung aus. Hüpfspiele fördern spielerisch den Bewegungs- und Gleichgewichtssinn.

Hüpfinsel, Springstraße

Alter/Entwicklungsstand: ab 2,5 Jahre
Mitspieler: 2–4 Kinder
Material: 4–6 weiche Matten (eventuell mehrere Kissen bzw. Luftmatratze)
Ort/Raum: Bewegungsraum, Flur, Freigelände
Spielanleitung: Legen Sie die Matten zu einer Insel nebeneinander oder zu einer Straße (hintereinander) aus. Jetzt heißt es: hüpfen, was die Beine hergeben.
Variation: Legen Sie jeweils 2 Matten übereinander. Jetzt wird es schon wackeliger! Jetzt noch mehrere Kissen oder eine Luftmatratze oben drauf! Wer hält sich auf dem Wackel-Berg?

Grashüpfer unterwegs

Alter/Entwicklungsstand: ab 2,5 Jahre
Mitspieler: Kleingruppe
Material: mehrere Kinder-Stühle oder Kisten, ca. 6 weiche Matten
Ort/Raum: Gruppenraum, Bewegungsraum
Spielanleitung: Bauen Sie eine Matten-Wiese. Stellen Sie Stühle ringsherum auf. Jetzt steigen die kleinen „Grashüpfer" auf die Stühle und springen auf die Wiese.

Mini-Trampolin

Alter/Entwicklungsstand: ab 2,5 Jahre
Mitspieler: 1–2 Kinder
Material: 1 kleines Trampolin, 1 weiche Bodenmatte
Ort/Raum: Bewegungsraum, Freigelände
Spielanleitung: 1–2 Kinder setzen oder legen sich auf das Trampolin. Die Erzieherin steht auf dem Trampolin und beginnt, vorsichtig zu hüpfen. Die Kinder bewegen sich passiv mit.
Variation: Ein Kind federt auf dem Trampolin. Die Erzieherin hält es bei den Händen. Zum Schluss lässt sie es (mit Festhalten) auf eine weiche Bodenmatte springen.

Gedruckt auf umweltfreundlichem, chlorfrei gebleichtem Papier

Layoutentwurf und Produktion: art und weise, Freiburg
Umschlagfoto: Hartmut W. Schmidt, Freiburg
Illustrationen: Anja Wrede, Bad Nenndorf

www.herder.de
Gesamtherstellung: fgb • freiburger graphische betriebe 2006
www.fgb.de

ISBN 13: 978-3-451-28934-7
ISBN 10: 3-451-28934-2